Über wahre Runen-Mysterien

Sonderheft Nr: III

Johannes H. von Hohenstätten

Mein Dank geht an Peter Windsheimer für das Design des Titelbildes. Des Weiteren an Ariane und Michael Sauter.

Für Schäden, die durch falsches Herangehen an die Übungen an Körper, Seele und Geist entstehen könnten, übernehmen Verlag und Autor keine Haftung.

Copyright © 2017 by Christof Uiberreiter Verlag
Waltrop-Germany
Herstellung und Verlag:
BoD – Books on Demand, Norderstedt.
ISBN: 9783743161405

Alle Rechte, auch die fotomechanische Wiedergabe (einschließlich Fotokopie oder der Speicherung auf elektronischen Systemen), vorbehalten.
All rights reserved.

Inhaltsangabe:

Vorwort.. 4
Einleitung... 13
1. Das verlorengegangene Wort der Freimaurer............... 15
2. Die Rituale der Freimaurer... 21
3. Runen-Magie, der Ursprung der Quabbalah................ 34
4. Das Pentalpha der Runen... 36
5. Das rituelle kleine Arkanum....................................... 39
6. Die Macht der Runen... 42
7. Runenmagie und Charakterkunde............................... 43
8. Vorbereitung... 57
9. Is-Rune... 59
10. Ar-Rune... 66
11. Rit-Rune.. 70
12. Os-Rune... 78
13. Ur-Rune... 82
14. Die Kurzform der Runenübung................................. 87
15. Die magische Stirnbinde... 88
16. I-A-O-U... 89
17. Weitere Hilfsmittel... 91
18. Zur Gedankenkontrolle... 92
19. Runenerfahrungen in der Is-Stellung......................... 93
20. Das hoch-heilige Runenkreuz................................... 99
21. Über das Ritual des JHVH......................................101
22. Das Laden von Talismanen.....................................104
23. Runen-Gesten.. 105
24. Das Sonnenritual..110
25. Der Sonnenkult.. 111
26. Der Götterkult...115
27. Morgen- und Abendweihe..................................... 121
28. Die atlantischen Ur-Runen..................................... 123
29. Omoto... 126
30. Über die Planeten-Ströme...................................... 136
31. Das Ur-Alphabet.. 147
32. Sepher Jezirah...149
33. Ein Gedicht zum Abschluss................................... 167

Vorwort:

In diesem dritten Band der Reihe „Über wahre Runen-Mysterien" möchte ich besonders betonen, dass man niemals die Macht der Runen missbrauchen darf, denn sonst wird man unweigerlich aus dem göttlichen Plan geworfen und findet sich selbst in der materiellen Gosse wieder. Die Verbindung zum „Baum des Lebens" wird gekappt und man steht ganz alleine, ohne Gottheit. Davor warnt auch F. B. Marby. Eine Wandlung ist deshalb unbedingt von Nöten! Er sagt auch zu Recht, dass man die Verse der Edda nur verstehen kann, wenn man sämtliche Runen beherrscht. Nur durch die Runen wird alles erkenntlich! Alles! Diese Verse stellen Vierzeiler dar und sind genauso wie die Vierzeiler von Nostradamus auf die Vierpoligkeit begründet. Und schon haben wir des Rätsels Lösung – das Tetragrammaton – das JHVH –, worauf Franz Bardon in seinen Werken immer wieder hinweist!

Vor allem die Gedanken müssen einigermaßen „rein" sein, man darf vor allem nicht schlecht über die Runen denken, in welcher Form auch immer. Auch wenn die Verbindung mit der Gottheit nicht so schnell zustande kommt, wenn man nicht sofort okkulte „Fähigkeiten" erlangt, darf man die Schuld nicht den Runen oder deren Gottheiten in die Schuhe schieben. Dies würde sich unweigerlich rächen, wie bei mir. Ich musste anfangen, ja ich wurde förmlich gezwungen, völlig bewusst zu denken, perfekt meine Gedanken zu überwachen, jeden Gedanken, war er noch so klein, zu überprüfen, um ja nicht schlecht über die heilige Runenmagie zu urteilen oder einen anderen Fehler zu machen. Ja, ich selbst war nämlich das Übel, das mir selbst Steine in den Weg legte. Aber zum Glück, denn sonst hätte ich niemals angefangen, meine Gedankenwelt vollkommen zu beobachten und zu kontrollieren. Ich hätte ohne diesen Fehler auch niemals über die heilige Runenmagie schreiben können, denn jeder Hermetiker hätte die gleichen Fehler begangen. Auch wird man durch die Übungen darauf hingewiesen, die Polarität in allen Dingen zu beachten. Goethe schreibt im „Faust", dass Mephisto stets das Böse will, aber das Gute schafft. Das bewirkt in erster Linie das Feuer-Element.

Warum spreche ich vom Negativen im Vorwort zum dritten Band? Weil das zur Gedankenbeherrschung gehört, die man unbedingt an erster Stelle setzen muss. Sogar Gustav Meyrink schreibt darüber wunderbare Sätze in seinem Roman „Das grüne Gesicht", die ich hier als passendes Beispiel

anführen möchte. Dazu angeregt wurde er von Dr. Franz Hartmann, als Meyrink in seinem Sanatorium in Bad Hallein behandelt wurde. Ich fasse das Wesentliche zusammen:
"Haben Sie nie etwas von einer Möglichkeit, die Gedanken zu beherrschen, gehört, Herr Sephardi?", fragte Hauberrisser, „ich meine es nicht im alltäglichen Sinne des sogenannten Sichbeherrschenkönnens, das man besser das Unterdrücken einer Gefühlswallung und so weiter nennen sollte. Ich denke dabei an das gewisse Tagebuch, das ich gefunden habe und von dem Pfeill vorhin erzählte."
Sephardi erschrak.
Er schien die Frage erwartet oder befürchtet zu haben, und warf einen schnellen Blick auf Eva.
In seinem Gesicht malte sich wiederum derselbe Ausdruck von Schmerz, den Baron Pfeill schon früher an ihm bemerkt hatte.
Dann raffte er sich auf, aber man hörte ihm an, wie er sich zum Reden zwang: „Das Herrwerden über die Gedanken ist ein uralter heidnischer Weg zum wirklichen Übermenschentum, aber nicht zu jenem, von dem der deutsche Philosoph Nietzsche gesprochen hat."
...Eine Schrift bestätigt: „Gelingt es dir, das zu empfinden, so erkennst du auch sogleich, dass der Zustand, in dem du dich soeben noch befunden hast, dagegen wie Betäubung und Schlaftrunkenheit erscheint. Das ist der erste zögernde Schritt zu einer langen, langen Wanderung von Knechttum zu **Allmacht.**
Auf diese Art geh vorwärts von Aufwachen zu Aufwachen. Es gibt keinen quälenden Gedanken, den du damit nicht bannen könntest; er bleibt zurück und kann nicht mehr zu dir empor; du reckst dich über ihn, so wie die Krone eines Baums über die dürren Äste hinauswächst. Die Schmerzen fallen von dir ab wie welkes Laub, wenn du einmal so weit bist, dass jenes Wachsein auch deinen Körper ergreift.
Die eiskalten Tauchbäder der Juden und Brahmanen, die Nachtwachen der Jünger Buddhas und der christlichen Asketen, die Foltern der indischen Fakire, um nicht einzuschlafen, sie alle sind nichts anderes als erstarrte äußerliche Riten, die wie Säulentrümmer dem Suchenden verraten: Hier hat in grauer Vorzeit ein geheimnisvoller Tempel des Erwachenwollens gestanden.
Lies die heiligen Schriften der Völker der Erde: Durch alle zieht sich wie ein roter Faden die verborgene Lehre vom Wachsein; es ist die Himmelsleiter Jakobs, der mit dem Engel des Herrn die ganze „Nacht"

gerungen hat, bis es „Tag" wurde und er den Sieg gewann.
Von einer Sprosse immer hellern und hellern Wachseins zur andern musst du steigen, wenn du den Tod überwinden willst, dessen Rüstzeug Schlaf, Traum und Betäubung sind.
Schon die unterste Sprosse dieser Himmelsleiter heißt: Genie; wie erst sollen wir die höheren Stufen benennen! Sie bleiben der Menge unbekannt und werden für Legenden gehalten. Auch die Geschichte von Troja galt jahrhundertelang als Sage, bis endlich einer den Mut fand und grub selber nach.
Auf dem Wege zum Erwachen wird der erste Feind, der sich dir entgegenstellt, dein eigner Körper sein. Bis zum ersten Hahnenschrei wird er mit dir kämpfen; erblickst du aber den Tag des ewigen Wachseins, der dich fernrückt von den Nachtwandlern, die da glauben, die seien Menschen, und nicht wissen, dass sie schlafende Götter sind, dann verschwindet für dich auch der Schlaf des Körpers, und das Weltall ist dir untertan.
Dann kannst du Wunder tun, wenn du willst, und musst nicht wie ein wimmernder Sklave demütig harren, bis es einem grausamen Götzen gefällig ist, dich zu beschenken oder dir den Kopf abzuschlagen.
Freilich, das Glück des treuen, wedelnden Hundes: Einen Herrn über sich zu kennen, dem er dienen darf – dieses Glück wird für dich zerschellen, aber frag dich selbst, würdest du als Mensch, der du jetzt noch bist, mit deinem Hunde tauschen?
Lass dich nicht abschrecken durch die Angst, das Ziel in diesem Leben vielleicht nicht erreichen zu können! Wer unsern Weg einmal betreten hat, der kommt immer wieder auf die Welt in einer innern Reife, die ihm die Fortsetzung seiner Arbeit ermöglicht, er wird als „Genie" geboren.
Der Pfad, den ich dir weise, ist besät mit wundersamen Erlebnissen: Tote, die du im Leben gekannt hast, werden vor dir aufstehen und mit dir reden! Es sind nur Bilder! Lichtgestalten, glanzumflossen und beseligend, werden dir erscheinen und dich segnen. Es sind nur Bilder – Hauchformen, von deinem Körper ausgesendet, der unter dem Einfluss deines verwandeln Willens den magischen Tod stirbt und aus Stoff zu Geist wird, gleich wie starres Eis, vom Feuer getroffen, sich in formenballenden Dunst auflöst.
Erst wenn du alles Kadaverhafte von ihm abgestreift hast, kannst du sagen: Jetzt ist der Schlaf für immer von mir gewichen.
Dann aber ist das Wunder vollbracht, das die Menschen nicht glauben können, weil sie, durch ihre Sinne betrogen, nicht begreifen, dass Stoff und

Kraft dasselbe ist, jenes Wunder: Dass, wenn man dich auch begräbt, keine Leiche im Sarg liegt.

Dann erst, nicht früher, wirst du Wesenhaftes vom Schein trennen können; wem du dann begegnest, kann nur einer sein, der vor dir den Weg gegangen ist. Alle andern sind Schatten.

Bis dahin bleibt es ungewiss auf Schritt und Tritt, ob du das glücklichste oder das unglücklichste der Wesen wirst. Aber fürchte dich nicht: Noch ist keiner, der den Pfad des Wachseins betreten hat, auch wenn er in die Irre ging, von den Führern verlassen worden.

Ein Merkmal will ich dir sagen, an dem du erkennen kannst, ob eine Erscheinung, die du hast, wesenhaft ist oder ein Trugbild: Wenn sie vor dich tritt und dein Bewusstsein ist getrübt, und die Dinge der Außenwelt sind für dich verschwommen oder verschwunden, dann traue nicht! Sei auf der Hut! Es ist ein Stück von dir. Wenn du das Gleichnis nicht errätst, das es in sich birgt, ist es nur ein Gespenst ohne Bestand – ein Schemen, ein Dieb, der von deinem Leben zehrt.

Die Diebe, die die Kraft der Seele stehlen, sind schlimmer als die Diebe der Erde. Sie locken dich wie Irrlichter in die Moräste einer trügerischen Hoffnung, um dich in der Finsternis allein zu lassen und für immer zu verschwinden.

Lass dich durch kein Wunder blenden, das sie scheinbar für dich tun, durch keinen heiligen Namen, den sie annehmen, durch keine Prophezeiung, die sie aussprechen, auch nicht, wenn sie in Erfüllung geht, sie sind deine Todfeinde, von der Hölle deines eigenen Körpers ausgespien, mit dem du um die Herrlichkeit ringst.

Wisse, dass die wunderbaren Kräfte, die sie besitzen, deine eignen sind, von ihnen entwendet, um dich in Sklaverei zu erhalten; sie können nicht leben, außer von deinem Leben, aber wenn du sie überwindest, sinken sie zu stummen, gehorsamen Werkzeugen herab, die du nach deinem Willen handhaben kannst.

Unzählig sind die Opfer, die sie unter den Menschen gefordert haben; lies die Geschichte der Visionäre und Sektierer, und du wirst erkennen, dass der Pfad der Beherrschung, den du wandelst, mit Totenschädeln bedeckt ist.

Die Menschheit hat sich unbewusst eine Mauer gegen sie gebaut; den Materialismus. Diese Mauer ist ein unfehlbarer Schutz, sie ist ein Sinnbild des Körpers, aber sie ist zugleich auch eine Kerkermauer, die den Ausblick hemmt.

Heute, wo sie langsam zerbröckelt und der Phönix des innern Lebens aus seiner Asche, in der er lange Zeit wie tot gelegen, mit neuen Schwingen wieder aufersteht, regen auch die Aasgeier einer andern Welt die Flügel. Darum hüte dich. Die Waagschale, in die du dein Bewusstsein legst, zeigt dir allein an, wann du Erscheinungen trauen darfst; je wacher es ist, desto tiefer neigt sie sich zu deinen Gunsten.

Will dir ein Führer, ein Helfer oder ein Bruder aus einer geistigen Welt erscheinen, so muss er es können, auch ohne dein Bewusstsein zu plündern; du darfst, wie der ungläubige Thomas, deine Hand in seine Seite legen.

Es wäre ein leichtes, den Erscheinungen und ihren Gefahren auszuweichen: Du brauchst nur zu sein wie ein gewöhnlicher Mensch. Aber was ist damit gewonnen? Du bleibst ein Gefangener im Kerker deines Leibes, bis der Henker-„Tod" dich zum Richtblock schleppt.

Die Sehnsucht der Sterblichen, die Gestalten der Überirdischen zu schauen, ist ein Schrei, der auch die Phantome der Unterwelt weckt, weil eine solche Sehnsucht nicht rein ist – weil sie Habgier ist statt Sehnsucht, weil sie „nehmen" will in irgendeiner Form, statt zu schreien, um das „geben" zu lernen.

*Jeder, der die Erde als ein Gefängnis empfindet, jeder Fromme, der nach Erlösung ruft, sie alle beschwören unbewusst die Welt der Gespenster. Tu du es auch. Aber: **Bewusst!***

Ob es für jene, die es unbewusst tun, eine unsichtbare Hand gibt, die die Sümpfe, in die sie geraten müssen, in Eilande verzaubern kann? Ich weiß es nicht. Ich will nicht streiten, aber ich glaub's nicht.

Wenn du auf dem Wege des Erwachens das Reich der Gespenster durchquerst, wirst du allmählich erkennen, dass es nur Gedanken sind, die du plötzlich mit den Augen sehen kannst. Das ist der Grund, weshalb sie dir fremd und wie Wesen erscheinen; denn die Sprache der Formen ist anders als die Sprache des Gehirns.

Dann ist der Zeitpunkt gekommen, wo sich die seltsamste Wandlung vollzieht, die dir geschehen kann: Aus den Menschen, die dich umgeben, werden – Gespenster werden. Alle, die dir lieb gewesen, werden plötzlich Larven sein. Auch dein eigener Leib.

Es ist die furchtbarste Einsamkeit, die sich ausdenken lässt, ein Pilgern durch die Wüste, und wer die Quelle des Lebens in ihr nicht findet, verdurstet.

Alles, was ich dir hier gesagt habe, steht auch in den Büchern der Frommen jedes Volkes: Das Kommen eines neuen Reiches, das Wachen, die

Überwindung des Körpers und die Einsamkeit, und doch trennt uns von diesen Frommen eine unüberbrückbare Kluft: Sie glauben, dass ein Tag naht, an dem die Guten in das Paradies eingehen und die Bösen in den Höllenpfuhl geworfen werden. Wir wissen, dass eine Zeit kommt, wo viele erwachen werden und von den Schlafenden getrennt sein wie die Herren von den Sklaven, weil die Schlafenden die Wachen nicht begreifen können. Wir wissen, dass es kein Böse und kein Gut gibt, sondern nur ein „Falsch" und ein „Richtig"; sie glauben, dass „wachen" ein Offenhalten der Sinne und Augen und ein Aufbleiben des Körpers während der Nacht sei, damit der Mensch Gebete verrichten könne. Wir wissen, dass das „Wachen" ein Aufwachen des unsterblichen Ichs bedeutet und die Schlummerlosigkeit des Leibes eine natürliche Folge davon ist; sie glauben, der Körper müsse vernachlässigt werden und verachtet, weil er sündig sei; wir wissen: Es gibt keine Sünde, der Körper ist der Anfang, mit dem wir zu beginnen haben, und wir sind auf die Erde herabgestiegen, um ihn in Geist zu verwandeln; sie glauben, man solle mit dem Leib in die Einsamkeit gehen, um den Geist zu läutern; wir wissen, dass zuerst unser Geist in die Einsamkeit gehen muss, um den Leib zu verklären!
Bei dir allein steht es, deinen Weg zu wählen – ob unsern oder jenen. Es soll dein freier Wille sein.
Ich darf dir nicht raten; es ist heilsamer, aus eigenem Entschluss eine bittere Frucht zu pflücken, als auf fremden Rat eine süße auf dem Baume – hängen zu sehen.
Nur mach's nicht wie die vielen, die da wohl wissen, es steht geschrieben: „Prüfet alles, und das Beste behaltet", – aber hingehen, nichts prüfen und das – Erstbeste behalten."
Die Seite war zu Ende, und das Thema brach ab.
Hauberrisser glaubte nach einigem Suchen, den anschließenden Teil gefunden zu haben. Der Unbekannte, an den das Schriftstück gerichtet war, schien sich zu dem heidnischen Wege der Gedankenbeherrschung entschlossen zu haben, denn der Verfasser der Rolle fuhr auf einem neuen Blatt, das die Überschrift trug: „Der Phönix" folgendermaßen fort:
„Mit dem heutigen Tag bist du aufgenommen in unsere Gemeinschaft und ein neuer Ring in der Kette, die von Ewigkeit zu Ewigkeit reicht.
Damit erlischt mein Amt und geht in die Hände eines andern über, den du nicht sehen kannst, solange deine Augen noch der Erde gehören.
Er ist unendlich fern von dir und dennoch dicht in deiner Nähe; er ist nicht räumlich von dir getrennt und dennoch weiter weg als die äußersten

Grenzen des Weltalls; du bist von ihm umgeben, wie ein Mensch, der im Ozean schwimmt, von Wasser, aber du nimmst ihn nicht wahr, so wie der Schwimmer das Salz nicht schmeckt, das das Meer durchdringt, wenn die Nerven seiner Zunge tot sind.

Unser Sinnbild ist der Phönix, das Symbol der Verjüngung – der sagenhafte ägyptische Adler des Himmels mit rotem und goldenem Gefieder, der sich in seinem Nest aus Myrrhen verbrennt und immer neu aus der Asche ersteht.

Ich habe dir gesagt, der Anfang des Weges ist der eigene Körper; wer das weiß, kann jeden Augenblick die Wanderung beginnen.

Ich will dich jetzt die ersten Schritte lehren: Du musst dich vom Leibe trennen, aber nicht, als wolltest du ihn verlassen: Du musst dich von ihm lösen wie jemand, der Licht von Wärme scheidet.

Schon hier lauert der erste Feind.

Wer sich vom Körper losreißt, um durch den Raum zu fliegen, der geht den Weg der Hexen, die nur einen gespenstischen Leib aus dem groben, irdischen herausgezogen haben und auf ihm wie auf einem Besen zur Walpurgisnacht reiten.

Die Menschheit hat sich aus richtigem Instinkt eine Brustwehr gegen diese Gefahr errichtet, indem sie ein Lächeln über die Möglichkeit solcher Künste bereithält. Du brauchst als Schutz den Zweifel nicht mehr – du hast in dem, was ich dir gegeben habe, ein besseres Schwert. Die Hexen glauben, auf dem Sabbat des Teufels zu sein, und in Wirklichkeit liegt ihr Körper bewusstlos und starr in der Kammer. Sie vertauschen bloß die irdische Wahrnehmung gegen eine geistige – sie verlieren das Bessere, um das Schlechtere zu gewinnen; es ist ein Ärmerwerden statt ein Reichersein.

Schon daraus siehst du, dass es nicht der Weg des Erwachens sein kann. Um zu begreifen, dass du nicht dein Körper bist, wie die Menschen von sich wähnen, musst du erkennen, mit welchen Waffen er kämpft, um die Herrschaft über dich zu behaupten. Jetzt stehst du freilich noch so tief in seiner Gewalt, dass dein Leben erlischt, wenn sein Herz aufhört zu schlagen, und du in Nacht versinkst, sobald er die Augen schließt. Du glaubst, du könntest ihn bewegen, es ist eine Täuschung: nein, er bewegt sich und nimmt nur deinen Willen zu Hilfe. Du glaubst, du schaffst Gedanken: Nein, er schickt sie dir, damit du meinst, sie kämen von dir, und alles tust, was er will.

Setz dich aufrecht hin und nimm dir vor, kein Glied zu rühren, mit keiner Wimper zu zucken und regungslos zu bleiben wie eine Bildsäule, und du wirst sehen, dass er hassentbrannt augenblicklich über dich herfällt und dich zwingen will, ihm wieder untertan zu sein. Mit tausend Waffen wird er auf dich losstürzen, bis du ihm wieder erlaubst, sich zu bewegen. An seiner grimmigen Wut und der überstürzten Kampfesweise, mit der er Pfeil auf Pfeil auf dich abschießt, kannst du ersehen, wenn du schlau bist, wie bange ihm um seine Herrschaft sein muss und wie groß deine Macht, dass er sich so vor dir fürchtet.

Aber es steckt doch dabei eine List von ihm dahinter: Er will dich glauben machen, dass hier, im äußern Willen, die Entscheidungsschlacht um das Zepter geschlagen wird; nein, es sind nur Scharmützel, die er dich, wenn's sein muss, gewinnen lässt, um dich dann um so tiefer unters Joch zu beugen.

Diejenigen, die solches Geplänkel gewinnen, werden die ärmsten Sklaven – sie dünken sich Sieger und tragen auf der Stirn das Schandmal: „Charakter".

Deinen Körper zu bändigen ist nicht der Zweck, den du verfolgst. Wenn du ihm verbietest, sich zu bewegen, so sollst du es nur deshalb tun, damit du die Kräfte kennenlernst, über die er gebietet. Es sind Heerscharen, fast unüberwindlich durch ihre Zahl. Er wird sie gegen dich in den Kampf schicken, eine nach der andern, wenn du nicht nachlässt, mit dem so einfach scheinenden Mittel des Stillsitzens: Zuerst die rohe Gewalt der Muskeln, die beben und zittern wollen, das Sieden des Blutes, das dir den Schweiß ins Gesicht treibt, das Hämmern des Herzens, das Frösteln der Haut, bis dein Haar sich sträubt, das Schwanken des Leibes, das dich durchfährt, als habe die Schwerkraft die Achse verändert, sie alle kannst du besiegen, scheinbar durch den Willen – dennoch ist es nicht der Wille allein: Es ist in Wahrheit bereits ein **höheres Wachsein**, das unsichtbar hinter ihm steht in der Tarnkappe.

Auch dieser Sieg ist wertlos; selbst wenn du Herr würdest über Atmung und Herzschlag, wärest du nur ein Fakir – ein „Armer" auf deutsch. Ein „Armer"!, das sagt genug.

Die nächsten Kämpfer, die dir der Körper stellt, sind die ungreifbaren Fliegenschwärme der Gedanken.

Gegen sie hilft das Schwert des Willens nicht mehr. Je wilder du nach ihnen schlägst, desto wütender umschwirren sie dich, und glückt es dir nur einen Augenblick, sie zu verscheuchen, so fällst du in Schlummer und bist in anderer Form der Besiegte.

Ihnen Stillhalten zu gebieten ist vergebens; nur ein einziges Mittel gibt es,

ihnen zu entrinnen: **Die Flucht in ein höheres Wachsein."**
Hat man das geschafft, drückt das G. Meyrink folgendermaßen aus: *Wie ein Januskopf konnte Hauberrisser in die jenseitige Welt und zugleich in die irdische Welt hineinblicken und ihre Einzelheiten und Dinge klar unterscheiden:*

er war hüben und drüben ein
lebendiger Mensch.
*

Man muss sozusagen an sich selbst hart, ehrlich und mit vollem Ernst arbeiten, damit man in der geistigen Welt anerkannt wird. Man kann sagen, dass einem die Götter förmlich zum Ausgleich zwingen, wenn man die Runen praktiziert. Denn sonst man rutscht nur allzu leicht ab und wird einseitig, zum hellen oder dunklen Mystiker, oder man wird einfach nur zum Sklaven seiner Selbst!

Man sollte bei den Runen niemals vergessen, dass im Vordergrund immer und überall das Gleichgewicht vorhanden sein sollte. Wie es in den Lehren des „Golden Dawn" steht, wartet nämlich auf den Schüler zur seiner Linken der Teufel und zur Rechten der mystische Tod. Nur die Mitte öffnete alle Tore, die man im vollen Glanze durchschreiten kann.

Einleitung:

Es ist nicht einfach, ein so weitreichendes Gebiet richtig zu beschreiben. Über alles und jedes muss ich ausführlichst berichten, sodass mir kein Fehler nachgesagt werden kann. Deshalb habe ich manche Kapitel nur kurz gehalten, um das Wesentliche auf den Punkt zu bringen. Darum diese Form der Einleitung:
Ich hätte niemals gedacht, dass wenn man einen kleinen gedanklichen Fehler macht, dass er sich gleich so stark auswirken kann. Aber der Sexualtrieb ist nun mal der mächtigste Trieb überhaupt. Das haben wir schon mehrfach angeführt. Deswegen soll ich in der Einleitung, bevor es noch zur eigentlichen Praxis kommt, darauf hinweisen, dass sämtliche sexuelle Gedanken, Gefühle und Taten beherrscht werden müssen! Darauf drängte mich Ariane, dies zu schreiben, denn in jedem Menschen, und da gibt es keine Ausnahme, schlummert die Anlage zu
- homosexuellen Gedanken usw.;
- in manch einem spielt die Sodomie eine Rolle;
- oder er ist fasziniert vom Gruppensex;
- orale und anale Praktiken machen ihn oder sie an;
- oder sie oder er steht auf Sex während der Menstruation, während der weiblichen Blutung;
- oder es besteht die Liebe zum Sex aufgrund der angeblichen Entspannung, aus Langeweile, Frust oder Geilheit.

Lebenslust, Arbeitslust, Lust und Freude an der Kunst, an Schönheit, an der Literatur, an Musik usw. kann man alles haben, nur nicht Lust auf Sex, auf sexuelle Betätigung in einer der drei Ebenen, gedanklich, gefühlsmäßig oder in einer Handlung, da das dem Schöpferischen konträr, entgegengesetzt ist. Der Trieb alleine ist schon ein Vertreter des Schöpfers.
Dies alles muss bis ins Kleinste im Seelenspiegel verzeichnet sein. Man darf nichts auslassen, nichts übersehen oder verschönern, wie es viele Hermetiker gerne tun. Die Unehrlichkeit oder auch die Überschätzung soll man zuhause lassen. Im Charakterkampf geht es um Präzision, die nur vollkommen ist, wenn man perfekt seine beiden Seelenspiegel aufgestellt hat. Das ist die Grundbedingung jeglicher Entwicklung!
Die Arbeit mit dem Seelenspiegel, wie er von Franz Bardon in seinen Schriften am besten beschrieben wird, muss mit der Praxis der Runen-

Magie Hand in Hand gehen. Man muss zwar nicht ausgeglichen sein, man kann durchaus noch ein paar „Macken" haben, aber man muss sich sicher sein, dass er richtig und fest steht, dass er alles beinhaltet, was man in der Seele vorzuweisen hat, ob positiv oder negativ. Ist nämlich sein Seelenspiegel nicht stimmig, merkt das die allwissende Gottheit, und verbindet sich nicht mit dem Neophyten. Die Übungen haben keinen Erfolg! Deswegen der Spruch: Erkenne sich selbst, bevor du den Tempel betrittst!

Noch eine weitere Anmerkung: Man muss sich unbedingt an die angegeben Übungszeiten halten, und nicht der Meinung verfallen, je länger man übt, desto mehr Erfolg hat man. Die Kraft der Rune, die Schwingungen der quabbalistischen Macht, würde den Übenden seelisch-körperlich zu Grunde richten, denn ein Zuviel wirkt sich nie und nimmer günstig aus. Das Ausschlaggebende ist immer die harmonische Mitte! Aus dem kleinen Arkanum würde dann nämlich ein großes entstehen und das verkraftet keiner, der sich noch an der untersten Pforte befindet.

1. Das verlorengegangene Wort der Freimaurer Hohenstätten

Franz Bardon schreibt in seinem dritten Werk „Der Schlüssel zur wahren Quabbalah" (S. 44): *„In zahlreichen Schriften der Freimaurer und der geheimen Gesellschaften wird über den verlorenen Schlüssel, über das verloren gegangene Wort Gottes sehr viel gesprochen. Rituale, welche diese Gesellschaften gebrauchten, werden zum Großteil nur noch traditionell nachgeahmt, ohne dass man ihren tieferen Sinn in Bezug auf die kosmischen Gesetze verstehen würde. Infolgedessen sind die Rituale, welche einstmals von echten Eingeweihten eingeführt und gebraucht wurden, natürlich gänzlich wirkungslos, da der Schlüssel zu ihrem mächtigen Gebrauch fehlt. Der Schlüssel zu sämtlichen Ritualen der einzelnen Gesellschaften musste verloren gehen, da den Ritualen das Mysterium des vierpoligen Magneten fehlte. Der vierpolige Magnet ist ja gerade das verlorengegangene magische Wort JOD-HE-VAU-He, welches meistens mit dem Wort Tetragrammaton umschrieben wird. Der Gebrauch des Schlüssels sollte den ältesten Mysterien der Freimaurer und anderer einstmals von wahren Eingeweihten gegründeter esoterischer Gesellschaften die wahre magische Kraft und Macht verleihen. Die wahren Eingeweihten sahen aber, dass die Mysterien vielfach entweiht wurden, dass man sogar Missbrauch mit ihnen trieb und zogen sich deshalb zurück und vertrauten das verloren gegangene Wort nur den tatsächlich Reifen an. Demnach ist mit der Zeit der wahre Gebrauch des verloren gegangenen Wortes JOD-HE-VAU-HE abhanden gekommen."*

Wir nehmen das oben Gesagte als Rüstzeug mit und gehen noch einen Schritt weiter. Paul Köthner, Freimaurer und Runenkenner, schreibt in seinem Buch „Das letzte Geheimnis" im Kapitel „Eroberung der Weltrunen – Die Symbole der Freimaurerei" dazu folgendes: *„Es ist erstaunlich, was heutzutage der „gebildete Mensch" alles nicht weiß und wie unbedenklich er sich mit seiner Unbildung Blößen gibt, ja sich derselben fast rühmt. Das tritt besonders auffällig zutage, wenn dahinter eine Anschauung steht, welche den Charakter eines Dogmas – der Politik, der Religion, der Rasse usw. – angenommen hat. Da scheinen die Menschen ihren gesunden Menschenverstand fast ganz zu vergessen. Ungeheurer Unsinn wird dann gedankenlos und ohne Logik behauptet und von Anderen nachgeredet; und alle Welt nimmt das ernst und glaubt daran wie an ein Evangelium; und* *wehe dem, der ihr den Unsinn aufdeckt und ein wenig Ordnung in ihr Denken bringen will! Er wird fanatisch bekämpft wie ein Gesinnungsloser und Ketzer, und sofort steigt der Verdacht auf, er müsse Jesuit oder Freimaurer sein.*

Ein Gebiet, das bei der allgemein vorauszusetzenden Bildung besonders vernachlässigt wird, ist das der Symbolik. Unter einem Symbol versteht man im heutigen Deutschland eigentlich nur die abstrakten geometrischen Figuren der Freimaurer und allenfalls noch die Vereins- oder Partei- und Gesinnungs-Abzeichen. Man will nichts davon hören, dass die sogenannten freimaurerischen Symbole die kosmischen Ur-Runen darstellen – bringt sie sogar in Gegensatz zu den altgermanischen Runen –, aber diese sind nur Bruchstücke jener. Bis auf eine, die den Schlüssel der Germanen offenbart; und gerade die steht mit dem bestgehassten Symbol, dem vermeintlich jüdischen Hexagramm in engster Beziehung. Aber: Sind wir den nicht überall von diesen Ur-Symbolen umgeben? Jeder Grashalm, jede Blume, jeder Baum zeigt augenfällig die Ur-Bilder der alten Runen, zeigt all die Symbole der „Freimaurer", zeigt die Zahlen, das Wesen aller Dinge. Ist doch für jede Idee, für jedes Ding, für jede Handlung und für jedes Lebewesen als äußerste Verdichtung seines Wesens, ein Symbol vorhanden, nach dem es geschaffen wurde!

Wer ein Symbol mit Hass und Leidenschaft betrachtet, der kann nicht ergründen, was es zu sagen hat. So kommt es, dass bei dem Kampf gegen die Juden und Freimaurer die Symbole sinnlos vergewaltigt werden. Wenn wir auch aus tiefsten Herzen Ja sagen zu dem Kampf gegen alles unsrer Art Erzfeindliche, und die Erz-Gegensätze gar nicht scharf genug betont sehen können, so lassen wir doch Verunglimpfungen von heiligen Zeichen weder als ein würdiges noch als ein förderliches Kampfmittel gelten.

Es soll hier kein Elementar-Unterricht in Symbolik gegeben werden; einige Stichproben aber sind doch nötig, um ein unbefangenes Anschauen der Symbole zu ermöglichen.

Vor allem dies: Es gibt überhaupt keine Ursymbole, die an sich Eigentum bestimmter Rassen, Völker, Orden oder Bünde wären. Zeichen wie der rechte Winkel und das Kreuz (der entfaltete Kubus), das Dreieck und seine Inversion das Y, der Kreis, die Spirale und das kreisende Kreuz (das Hakenkreuz) usw. sind so alt wie die Welt und wurden von jedem der Ur-Völker und Rassen aus dem Anschauen des Lebens im All und des All-Lebens – unabhängig voneinander – stets neu und ursprünglich entdeckt, und werden auch heute noch jedem Menschen, der dem Leben seine

Geheimnisse und Wunder abzulauschen trachtet, ursprünglich offenbar! Gerade die Deutschen müssten Verständnis dafür haben; denn sowohl das Weistum wie das Heiltum (die Religion) der Germanen war rein auf Symbole gegründet. Tacitus gibt ferner Verwunderung Ausdruck, dass die Germanen gar keine Götterbilder haben, aber gewisse eigenartige Zeichen heilig halten und verehren! Ein Beweis für die hohe Seelenkultur! Jene Zeichen (Runen) stehen aber nicht im Gegensatz zu den Ur-Symbolen, welche die Freimaurerei hütet, sondern sind besondere Ausdrucksformen derselben!

Die Ur-Symbole seien hier, nach der Ordnung der 10 pythagoräischen Zahlen – entsprechend den 10 Reichen der sog. Quabbalah – kurz angeführt:

- *Der Kreis: nichts und alles: die Null.*
- *Der Punkt: die absolute Einheit.*
- *Die Gerade mit ihren 2 Enden als Pole: die zwei.*
- *Das Dreieck und seine Inversion, der Trisus: Y: die Drei-Einheit.*
- *Die 2 gekreuzten Geraden: Das Kreuz mit seinen rechten Winkeln, als Inversion des Vierecks: die Vier-Einheit. In der dritten Dimension entsteht der Würfel, der Kubus, welcher – invertiert und projiziert – alle Zahlen, Runen und Symbole enthält.*
- *Das Fünfeck und seine Diagonalen als Pentagramm (das Heilszeichen des Pythagoras, der Stern von Bethlehem, der flammende Stern, der Drudenfuss, der Sowjetstern): die Fünf.*
- *Zwei verschlungene Dreiecke: das Hexagramm (Zeichen des Makrokosmos, Stern Davids) und seine Diagonalen: die Hagalrune: die zweimal Drei, die Sechs.*
- *Das Siebeneck und seine Diagonalen: der siebenfältige Stern: die Sieben-Einheit.*
- *Zwei verschlungene Vierecke und seine Diagonalen: der achteckige Stern: die zweimal Vier, die Acht.*
- *Drei verschlungene Dreiecke und ihre Diagonalen: die Drei mal Drei: die Neun.*

Diese Zeichen sind nicht von Menschen erdacht; der Schöpfer der Welt selber hat sie erdacht und hat nach ihnen dem Kosmos wie der kleinen Erde Ordnung Gesetz und Leben gegeben. Und darum offenbaren sie sich überall. Jedes Ding, jedes Wesen und alles Geschaffene ist nach diesen Ur-Zeichen gestaltet und empfing durch sie das Gesetz seiner Zweckwirkung.

Dem Astronomen, Chemiker, Physiker, Mineralogen begegnen sie bei allen ihren Experimentalforschungen; Kochsalz z. B. kristallisiert in der Gestalt des freimaurerisch verdächtigen Kubus; fotografische Sternaufnahmen, jeder Eiskristall, die Honigwaben der Bienen usw. zeigen deutlich das so gehasste Hexagramm und die Hagalrune. Der Seestern ist der „Flammende Stern" (nur der Freimaurer?) und jeder Apfel, waagerecht durchschnitten, zeigt vollendet schön das Pentagramm (nur der Sowjetstern?), um ihn herum sieht man die 10 Punkte (nur der Quabbalah?). Die Natur selber zeichnet diese Runen tausendfach! Und gar das (freimaurerische?) Winkelmaß, der rechte Winkel! Alles, worauf unser Blick fällt, hat ihn zur Grundlage, schon deshalb, weil alles rechtwinklig zur Schwerkraftkomponente steht, liegt oder hängt.

Das sind nur ein paar Beispiele; aber sie überzeugen uns davon, dass die Ur-Symbole All-Gesetze sind. Wenn sie das aber sind und folglich nicht von Menschen erfunden und nicht von einzelnen Menschenschichten gepachtet werden können, so sind sie auch erhaben über Gunst und Missgunst der Menschen, sind absolut jenseits alles Streites über ihren Wert zum Guten oder Bösen, sind absolut „gut", von göttlicher Art, strahlend-rein und unberührbar durch jedweden Missklang menschlichen Sinnes und Trachtens. Sie werden deshalb als heilig empfunden von jedem, der Gott und seine Schöpfung als heilig empfindet. Und wenn eine Menschenart, die uns nicht wohlwill, ein solches Ursymbol zum Wahrzeichen eines heillosen, ordnungswidrigen, zerstörenden Trachtens gemacht hat, so ist dadurch keinesfalls das Symbol selber zum Wahrzeichen des Unheils geworden! Es bleibt unter allen Umständen ein Zeichen des Heils. Und, wie wir Gott und seine Führung brauchen, um den Zustand des Heils zu erringen, so brauchen wir auch – als Mittler jeder Heilsmacht – die sprechenden Offenbarungen, die sie dem redlichen, schweigenden Täter zuraunen.

Alle diejenigen, welche eines der Ursymbole ablehnen oder hassen, weil es der Feind trägt, und den Kampf gegen dieses mit einem Kampf gegen das Symbol als solches verquicken, die wüten unbedacht gegen ihr eigens Heil. Der Kampf darf sich immer nur gegen den Missbrauch des Symbols für böse Zwecke richten. Man wird trachten, dem Feind, der das tut, das Symbol zu entreißen! War es doch von jeher Sinn und Ziel jedes Waffenkampfes, die feindliche Fahne zu erobern! Eine Durchaus symbolische Handlung, welche dem rechten Empfinden entspringt, dass, wer die feindliche Fahne erobert, Macht hat über den Feind, und den Seinen die Kraft dieses Symbols zurückgewinnt.

So soll man auch gegenüber der Freimaurerei eingestellt sein! Sie hüte unsere Symbole! Deren mächtigste sind: der rechte Winkel: das Sinnbild von Recht und Ordnung im Kosmos und Leben, für das doch jeder ringende Mensch sein Leben lässt (am „Galgen", auf „Golg"ata). Das Hexagramm, welches die Sieben-Einheit umrahmt. Das Dreieck, die allschaffende Drei-Einheit, so wie das magische Dreieck (Winkel und Maß), hat es auch zwei Seiten – elektrisch und magnetisch –, die alles durch die untere Linie, die für die Erde steht, zusammenhält. Das Lebensrad (stilisiert als Hakenkreuz). Das Zeichen des Erlösers, das Pentagramm. Der alt-arische Opferstein, der Kubus als Inbegriff aller Runen, Buchstaben und Zahlen. Sie als typisch freimaurerische Symbole zu verdächtigen, ist schon deshalb gedankenlos, weil die Freimaurerei ein verhältnismäßig junges Reis am Baume menschlichen Heilstrebens ist. Die Wurzeln dieses Baumes reichen in die Zeiten der ersten Menschen – der Atlanten – zurück; dort sind die Ur-Prägungen vermeintlich freimaurerischer Symbole zu suchen. Die Freimaurerei hat nun wirklich alle Ur-Symbole übernommen; es bleibt kein einziges übrig, was ihre Gegner für sich allein in Anspruch nehmen könnten; sie müssen also, da sie (und kein Mensch) ohne Symbole auskommen, dieselben Symbole als Grundlage für ihre Wahrzeichen annehmen.

Das Heillose ihrer Bekämpfung kommt aber besonders deutlich durch folgende Erwägung zutage: Wer den rechten Winkel, dem Kubus, dem Hexagramm und Pentagramm misstraut als Sinnbilder der Zerstörung, der muss ja auch dem Apfel, dem Kochsalz, dem Eiskristall, dem Seestern, der Biene misstrauen, weil auch sie diese Symbole offenbaren, und letzten Endes muss er auch den Schöpfer dieser Schöpfungen, Gott selber für einen Juden und Freimaurer halten. Wenige denken soweit, aber die Folgen ihres unbedachten Wütens gegen sich selber spüren sie in ihrer eignen Seele. Denken und Streben muss sich notwendig verwirren, wenn es die Richtung der Lebensordnung des Kosmos verliert und die großen Heilträger der Schöpfung ablehnt.

Nicht also die Symbole der Freimaurerei sind das Bekämpfenswerte, sondern der Missbrauch, der mit ihnen getrieben wird. Nun täte man aber den rechten und berufenen Freimaurern ein ganz schweres Unrecht an, wenn man ihnen Missbrauch ihrer Symbole vorwerfen wollte; denn das ist nicht wahr! Sie verehren dieselben und nutzen sie so gut, wie sie es verstehen. Wirklichen Missbrauch treiben nur diejenigen „Freimaurer" damit, welche – wie wir nachgewiesen haben – niemals echte Freimaurer werden können (FOGC. Der Hrsg.), und die überhaupt alles für ihre dunklen Werke missbrauchen; denen es ganz gleich ist, unter welcher Fahne, unter welchem Symbol sie das Edelmenschentum vernichten.

Unsere Aufgabe ist es daher, diese uns geraubten und verdächtigten heiligen Symbole im Kampfe als unser rechtmäßiges Eigentum zurückzuerobern, um sie zum eigenen Heil in der rechten Weise nutzen zu lernen. Wird diese Aufgabe nicht erfüllt, so ist jede Ordnung auf Genesung des Deutschen und auf Sieg der Ordnung und des Rechts verloren. Vor allen aber müssen die Führer wirken lernen nach dem Weltgesetz, welches die Ursymbole offenbaren; und das bedeutet: Sie müssen in die Ordnung der Wandlung eingehen, welche diese Urkräfte in ihnen weckt.

Nach allem, was wir bisher geklärt haben, wird keiner mehr zu fürchten brauchen, er käme bei solchem Bemühen in den Bann der Freimaurerei. Bestände diese Gefahr, so wären diejenigen, welche mit uns schon seit Jahren den Weg der Wandlung gehen, längst in diesem Bann.

Der Sinn der Wandlung ist es, eben aus den Ursymbolen des Lebens – den Runen – die noch unbekannten Kräfte zur Wirkung zu bringen, welche, nachdem alle Hoffnungen und Ideale der letzten 2000 Jahre zerschellt sind, in dieser Weltzeitwende die neue Weltensonne heraufführen werden."
(S. 24)

2. Das Ritual der Freimaurer Hohenstätten

Die Rituale berufen sich, wenn ich mit dem Autor und Freimaurer Kerning beginnen darf, auf Zeichen, Griff und Wort, d. h. Zeichen = Symbol = Rune; Griff = Stellung; Wort = Runenformel. Aber wo steht das? Kerning schreibt davon in seinem Werk „Briefe über die Königliche Kunst", denn Zeichen, Griff und Wort entsprechen auch dem Sehen, Fühlen und Hören. Auf Seite 62 gibt er eine Reihe von Vokalen bekannt, dessen Wirkung (nach ihm) einen gewaltigen Reichtum ergeben:

I.
I.O.U
I.E.O.U.A
I.E.Ae.Ao.O.U.A
I.E.Ae.Ao.Oe.O.U.Ui.A.

Wenn man diese Vokale mit der „Runenbücherei" von Marby vergleicht, gibt er auf den letzten Seiten ebenfalls eine große Anzahl von Vokalen preis: I-Ü-U-O-Ö-E-A, die im Zusammenhang mit einem Element, einem Chakra usw. stehen. Dadurch ist eine Parallele ersichtlich, denn Kerning schreibt in seinem obigen Werk auch von den fünf Elementen und dem Tapis, der die Form – Stellung – angibt. Wenn man weiter forscht, so findet man die analogen Fingerstellungen von Kerning auch in Sebottendorffs Buch „Die Praxis der alten türkischen Freimaurerei", sowie bei der „Runenmagie" von S. A. Kummer und Franz Bardon (siehe „Das Leben von Franz Bardon. Der Hrsg.). Die Griffe I – A – O sind in allen Systemen identisch, ob Runen, Freimaurerei oder in der östliche Lehren der Mudras, und deshalb stimmen auch die Stellungen und Formeln überein. Sebottendorf sagt dazu (S. 16): *„Diese Übungen bestehen in dem Gebrauche der drei Erkennungszeichen der modernen Freimaurer: Zeichen, Griff und Wort, nur sind diese drei nicht Erkennungszeichen, nicht nur Symbole im besten Falle, sondern magische Handlungen, dazu bestimmt, feinere Strahlungen der Urkraft aufzunehmen, sie dem Körper einzuverleiben und dadurch den Körper geistiger zu machen, dem Geiste das Übergewicht über den Stoff zu verschaffen."*
Sebottendorf geht sogar so weit, dass er den Buchstaben der Freimaurerei

„I" die Is-Rune (Feuer), „A" der Ar-Rune (Luft) und „O" der Othal-Rune (Wasser) zuordnet, wie er es in seiner „Geschichte der Astrologie" bereits angeführt hat und wir schon im Artikel „Magische Sternbilder" erwähnten. Doch wir liefern noch mehr Beweise der Analogien. Im „Signatstern" von Baron von Hund steht (Band II, S. 72) die Formeln „ab, Sag, Ma und bon", welche man mit den entsprechenden Runen-Formeln übereinbringen kann. Weiteres wird darauf hingewiesen: *„Der Buchstabe „I" im flammenden Stern bedeutet das schaffende wirkende Prinzip!"*
Auch der Großmeister des „Golden Dawn" – MacGregor Mathers – gibt immer wieder Hinweise auf dieselben rituellen Stellungen. Im Buch „Das magische System des G. D." wird auf die erste Ur-Rune verwiesen, in dem man ein Dreieck mit den zwei Händen über dem Nabel formt (S. 759). Auf Seite 805 wird nochmals auf diese „Geste" hingewiesen und auf Seite 835 wird die Stellung des 2. kleinen Ur-Arkanum eingenommen.
Dass dieses geheime Wissen von Mund zu Ohr weitergegeben wurde, wird in der Ynglingasaga durch folgende Stelle belegt: *„Durch Runen und Gesänge lehrte Odin seine Künste; in den meisten derselben unterrichtete er die Skalden (Dichter), von diesen lernten sie viele andere, und so verbreitete sich die Zauberkunst!"* – Deshalb stand in den sogenannten Armanenschulen an erster Stelle *„die Erweckung und Beherrschung der okkulten Kräfte der Natur wie des Menschen"*, wie Guido von List es in seinen Werken geschrieben hat. Da sich der Begriff „Kunst" mit dem Wort „Können" deckt, geht Guido von List sogar noch weiter, in dem er mit Recht behauptet, dass das Halszeichen der Freimaurer, welches auch bei Sebottendorfs obigem Buch Erwähnung findet, schon aus dem Jahre 1144 dem Wiener Stephans-Dom sowie vor der Gründung der Freimaurerei entstammt! Die Steinmetzen, die alten Bauhütten, waren des Ursprungs Künstler! Deshalb spricht man auch von der „Königlichen Kunst", wenn man das Wort Magie umschreiben will.
Doch was war das Geheimnis, welche Bedeutung kam dem „Halsgriff" zu? Das waren die Armanen, die Ur-Bauleute, welche in den Kirchen, Fachwerkhäusern und Bauten die Runenmagie anhand von Symbolen und Figuren (Stellungen) einfließen ließen, welche symbolisch durch die fünf Vokale A-E-I-O-U dargestellt wurden. Diese entsprechen den fünf Elementen des ersten kleinen Arkanums. Weiteres wurde durch den Freimaurer-Schurz das Viereck – die vier Elemente – und das Dreieck – drei Ebenen – dargestellt. Dies hieß soviel, als dass man aufgrund aller Gesetze sich selber beherrschen lernen muss, in dem man über die

Elemente in allen Sphären gebietet! Erst wenn man das Viereck beherrscht, wird man frei im Dreieck wandern können! Und weil man die Vokale ausspricht, kam für die Schulung nur die rituelle Form der Runen-Magie in Frage, weil sie göttlichen Ursprungs ist und den Gesetzen des „Baums des Lebens" untersteht. Wenn man sich diesen Gesetzen unterordnet, kommt man schnell mit ihnen in Kontakt und gelangt zu Macht. Deshalb mussten sich ja die Eingeweihten zurückziehen, den Schlüssel des J-H-V-H oder den „Weg zum wahren Adepten" mit sich nehmen, welches als Grundlagenbuch für jedes System verwendet werden kann; denn die heilige Runen-Magie wurde missbraucht. Dies wurde durch die Einwanderung fremder Rassen bewerkstelligt, so behaupten die Ariosophen. Das war auch der Grund, warum geschlossene Logen geschaffen wurden, welche später durch den Fall sich zum FOGC wandelten. Diese Orden stellen die gefallen „Freimaurer" dar!

Aber nun zurück zum Thema. Dr. Hemberger, den wir schon mehrfach erwähnten, da er nicht nur ein Praktikant war, sondern noch dazu eine Reihe von wertvollen Schriften veröffentlichte, bringt auch über die Rituale der Freimaurer in seinem zweibändigen Werk „Die Philosophie der grünen Schlange" bemerkenswerte Bilder. Diese zeigen starke analoge Parallelen zwischen der Freimaurerei und der Runen-Magie, den Runen-Stellungen und -Tänzen, wenn man diese mit den Stellungen in Marbys „Runenbücherei" und Kummers „Heilige Runenmacht" vergleicht. Durch die richtige Einstellung, Reife, Erkenntnis des JHVH, durch eingliedern und unterordnen der Rita, und anwenden der Gesetzmäßigkeit des „Baum des Lebens" usw., ist die rituelle Bedingung gegeben. Z. B. wird im Freimaurer-Buch *„Signatstern"* verlangt:

- Verschwiegenheit, Eifer, stille Klugheit und Liebe.
- Die Elemente Feuer, Wasser und Luft müssen sich zu seiner Reinigung vereinigen.
- Die Tugenden fördern, die Laster meiden.
- Die Grundlage der Freimaurerei ist die Tugend.
- Nur durch göttliche Tugenden – Licht – gelangen wir zur Harmonie und können über das niedere Reich der Finsternis – Materie herrschen.
- Es wird von Morgen, Mittag, Abend und Mitternacht gesprochen; ein Verweis auf die vier Elemente.
- Auf die „Bearbeitung seiner selbst" wird hingewiesen.

- Es wird auf das Gleichgewicht des wässrigen Feuers und des feurigen Wassers verwiesen usw.

Das Bild des Halsgriffes aus Guido von Lists „Die Armanenschaft der Ariogermanen".

Auch in den Lehrwerken des Rosenkreuzer-Ordens „Golden Dawn" weißt M. Mathers sogar explizit auf den Ausgleich hin (S.285):

Über die Führung und Reinigung der Seele:

Zunächst, oh Practicus unseres alten Ordens, lerne, dass wirkliches Gleichgewicht die Grundlage der Seele bildet. Hast du selbst keine sichere Grundlage, worauf willst du dann stehen, um über die Kräfte der Natur zu gebieten? Sodann wisse, dass der Mensch, inmitten der Dunkelheit der

Natur und des Kampfes widerstreitender Kräfte in diese Welt geboren, zuerst danach trachten muss, durch seine Versöhnung das Licht zu suchen. Der du also Versuchungen und Schwierigkeiten in deinem Leben erleidest, frohlocke, denn in ihnen liegt Kraft, und durch sie wird der Pfad ins göttliche Licht hinein geöffnet. Wie sollte es anders sein, oh Mensch, dessen Leben nur ein Tag in der Ewigkeit ist, ein Tropfen im Ozean der Zeit? Wären die Versuchungen nicht so viele, wie könntest du anders deine Seele von den irdischen Schlacken reinigen? Ist das höhere Leben nur heute voller Gefahren und Schwierigkeiten? Ist es für die Heiligen und Hierophanten der Vergangenheit nicht schon immer so gewesen? Sie wurden verfolgt und geschmäht, und die Menschen haben sie gequält. Doch ist dadurch ihr Ruhm nur um so größer geworden. Darum frohlocke, oh Eingeweihter, je schwerer deine Prüfung, um so leuchtender wird dein Triumph. Wenn die Menschen dich schmähen und dich belügen, sagte dazu nicht der Meister „Sei gesegnet." Doch lasse, oh Practicus, deine Siege nicht zu deiner Eitelkeit führen, denn mit zunehmendem Wissen sollte auch deine Weisheit zunehmen. Der nämlich wenig weiß, glaubt, er wisse vieles. Der aber vieles weiß, hat seine Unwissenheit kennengelernt. Siehst du einen Menschen, der sich einbildet, weise zu sein? Für einen Narren gäbe es größere Hoffnung als für ihn. Verurteile nicht leichtfertig eines anderen Sünde. Woher weißt du, dass du an seiner Statt der Versuchung widerstanden hättest? Und selbst wenn es so sei, warum solltest du den verachten, der schwächer ist als du? Darum sei dessen gewiss, dass in Verleumdung und Selbstgerechtigkeit Sünde liegt. Vergib also dem Sünder, aber stärke die Sünde nicht. Der Meister verurteilte die Ehebrecherin nicht, aber er ermutigte sie auch nicht zu ihrer Sünde. Versichere dich darum, der du nach magischen Fähigkeiten trachtest, dass deine Seele fest und standhaft ist; denn der Böse bekommt Macht über dich, indem er deiner Schwäche schmeichelt. Demütige dich vor deinem Gott, doch fürchte weder Geist noch Mensch. Angst bedeutet Versagen und geht dem Versagen voraus. Mut hingegen ist der Anfang der Tugend. Fürchte darum nicht die Geister, sondern behandle sie fest und höflich, denn auch das kann dich in Sünde führen. Gebiete den bösen Mächten und banne sie. Verfluche sie bei den Namen des großen Gottes, wenn es sein muss, aber spotte ihrer nicht, noch schmähe sie, denn das führt dich gewiss in den Irrtum. Ein Mensch ist, was er innerhalb der Grenzen seines angeborenen Schicksals aus sich macht. Er ist ein Teil der Menschheit. Daher berühren seine Taten nicht nur ihn selbst, sondern auch jene, mit denen er in Kontakt kommt, zum guten oder zum Schlechten. Verehre den physischen Körper nicht, noch vernachlässige ihn. Er stellt deine zeitweilige Verbindung zur äußeren und materiellen Welt dar. Stelle darum dein geistiges Gleichgewicht über die materiellen Störungen. Halte die tierischen Leidenschaften zurück, und nähre die höheren Ziele. Durch Leiden werden die Emotionen geläutert. Tue Gutes an anderen um Gottes willen, nicht für eine Belohnung und weder um ihrer Dankbarkeit noch ihrer Zuneigung willen. Bist du großzügig, so lasse deine Ohren nicht durch Ausdrücke des Dankes betören. Denke daran, dass Kräfte ohne Gleichgewicht böse sind und dass Strenge ohne Gleichgewicht nur Grausamkeit und Unterdrückung bringt, dass aber auch Gnade ohne Gleichgewicht nur Schwäche ist, die das Böse zulässt und unterstützt. Ein wirkliches Gebet ist über das Wort hinaus auch Handlung und Äußerung des Willens. Die Götter werden für den Menschen nicht das tun, was seine höheren Kräfte selbst vermögen, wenn er Wille und Weisheit pflegt. Erinnere dich daran, dass diese Erde nichts ist als ein Atom im Universum, und du bist ein Atom darauf. Du könntest sogar die Gottheit dieser Erde werden, auf welcher du kriechst, und wärest immer noch ein bloßes Atom unter vielen. Habe dennoch die größte Achtung vor dir selbst, und darum sündige nicht gegen dich. Die Sünde, welche nicht vergeben wird, ist die absichtliche und bewusste Ablehnung der geistigen Wahrheit, doch hinterlässt jede Sünde und jede Handlung eine Wirkung. Um magische Kraft zu erlangen, lerne die Gedanken kontrollieren. Lasse nur wahre Vorstellungen zu, die im Einklang mit dem angestrebten Ziel stehen, nicht aber ablenkende oder gegensätzliche Ideen, die sich einmischen mögen. Gerichtete Gedanken sind ein Mittel zum Zweck. Schenke darum der Kraft des stillen Gedankens und der Meditation Aufmerksamkeit. Die materielle Handlung ist nur ein äußerer Ausdruck des Gedankens, und darum ist gesagt worden, dass „ein Gedanke aus Narrheit Sünde ist". Der Gedanke ist der Beginn der Tat. Wenn schon ein zufälliger Gedanke einige Wirkung nach sich ziehen kann, was kann dann nicht alles ein gerichteter Gedanke bewirken? Darum gründe dich fest im Gleichgewicht der Kräfte, wie es bereits gesagt wurde, im Zentrum des Kreuzes der Elemente, jenes Kreuzes, von dessen Mitte bei der Geburt des heraufdämmernden Universums das schöpferische Wort ausging. Wie dir im Grade des Theoricus bereits gesagt wurde: „Sei darum flink und tätig wie die Sylphen, meide aber Leichtsinn und Launenhaftigkeit. Sei kraftvoll und stark wie die Salamander, aber meide Reizbarkeit und Heftigkeit. Sei flexibel und aufmerksam für Bilder wie die

Undinen, aber vermeide Müßiggang und Wechselhaftigkeit. Sei fleißig und geduldig wie die Gnome, aber meide Plumpheit und Gier." So sollst du allmählich deine Seelenkräfte bilden und dich darauf vorbereiten, über die Geister der Elemente zu gebieten. Wolltest du nämlich die Gnome beschwören, damit sie deiner Habsucht dienen, würdest du nicht ihnen befehlen, sondern sie dir. Wolltest du die reinen Geschöpfe aus Gottes Schöpfung missbrauchen, um deine Taschen zu füllen und deine Sucht nach Gold zu befriedigen? Würdest du die Geister des treibenden Feuers entweihen, um deinem Zorn und Hass zu dienen? Würdest du der Reinheit der Wasserseelen Gewalt antun, um deiner Wollust und deinen Ausschweifungen zu Willen zu sein? Würdest du die Geister des Abendwindes zwingen, deiner Narrheit und deinem Leichtsinn beizustehen? Wisse, dass du mit solchen Wünschen nur das Böse, nicht aber das Gute anziehen kannst. Und das Böse wird dann Macht über dich gewinnen. In der wahren Religion gibt es keine Sekte. Siehe dich darum vor, dass du nicht den Namen lästerst, unter dem ein anderer seinen Gott nennt, denn wenn du dieses bei Jupiter tust, dann lästerst du JHVH, und bei Osiris Jeheshua.

Bittet Gott, und euch wird gegeben.
Suchet, so werdet ihr finden.
Klopfet an, so wird euch aufgetan.

Ist alles obige gegeben, hat man sämtliche Analogien zwischen den Buchstaben, Elementen, Charakter, den drei Ebenen und Körpern unter seiner Kontrolle, steht einer raschen okkulten Entwicklung nichts mehr entgegen. Ich persönlich wurde noch in die atlantische Runenmagie eingeweiht, welche mich innerhalb von drei Sekunden zur Verbindung mit meiner Gottheit führte. Man verspürte dadurch eine Macht, eine Kraft, die viel zu gewaltig, ja gewalttätig war, als dass man sie aushalten konnte. Das war etwas für erfahrene Magier, nicht für Schüler der Hermetik. Anion meinte es gut, ging aber damit total fehl!
Deshalb kommt hier die germanische Runenmagie zur Anwendung, welche eine schrittweise rituelle Annäherung an die Gottheit mit Hilfe der Gesetze des JHVH vollbringt. Die Verbindung kommt und sie wird zustande kommen! Das ist ein unumstößliches Gesetz! Deshalb führe ich die Beziehungen der verschiedenen Stellungen zwischen den Freimaurern und der Runenmagie an. Entnommen habe ich das der Sammlung des Dr.

Hemberger „Die Philosophie der grünen Schlange" (Band I und II):

Stellung aus Hembergers Buch Seite 507.

Diese Stellung stimmt mit der Rune „X–Zeichen des auferstandenen Osiris" aus dem Werk „Das magische System des Golden Dawn" überein und stellt eine atlantische Ur-Rune dar. (siehe entsprechendes Kapitel in diesem Buch).

Stellung auf Seite 507

Diese Stellung entspricht der Is-Runen-Stellung; vergleiche dazu die Haltung in Marby's „Runenbücherei" Band 7/8 auf Seite 112:

Is-Runen-Stellung nach Marby.

Die nächste Stellung entspricht der knienden Laf-Rune, wie sie Anion in seinem Runenwerk beschrieb. Unteres Bild ist entnommen dem Buch von Dr. Hemberger Seite 510:

Nun folgt eine sehr interessante Stellung. Die Zeichnung zeigt Freimaurer-Symbolik, sowie die beiden Säulen, in dessen Mitte sich ein nackte Frau in der Man-Rune befindet. Nacktheit zur Runenübung wird auch von Marby empfohlen!

Dr. Hemberger – Seite 303

Die E-Rune aus „Die Philosophie der grünen Schlange" Seite 125.

Vgl. Marbys E-Rune auf Seite 121 der „Runenbücherei" Band 7/8.

Zum Abschluss dieses Kapitels möchte ich noch auf die Schritte in der Freimaurerei hinweisen, welche sich auf Runen-Tänze beziehen. Dort wird nämlich ebenfalls durch Rhythmik eine kosmische Beziehung aufgebaut. Man kann dem Gesagten in Kummers „Heilige Runenmacht" die entsprechenden Bilder dazu entnehmen – siehe das Kapitel „Runentänze" – oder mit den Aussagen von Marbys „van hooge dooge desse" vergleichen und wird unwiderlegbare Beweise finden.

Runen-Tänze in der Freimaurerei – Hemberger, Seite 125.

Zu den Runen-Schritten hat der Astrologe und Pendelkenner F. Glahn in der Zeitschrift „Hagal" einen bemerkenswerten Aufsatz verfasst, den ich hier zitieren will (S. 9, Heft 7; J. 9), um meine Aussage zu bestätigen:

Runensymbole in der Freimaurerei:

Bei der Aufnahme muss jeder Suchende oder im Grade Aufsteigende gewisse zeremonielle Schritte machen, wobei mit Winkelstellungen und eigenartigen Figuren gewisse Lehren eingeprägt werden. In der sogenannten Schottischen Maurerei bilden diese ersten rechten Schritte eine deutliche Rit-Rune! The right way, der rechte, gerechte Schritt, der fernerhin vom Freimaurerlehring gepflegt werden soll. In jedem folgenden Grade werden die Schritte anders bestimmt, hierüber muss Schweigsamkeit geübt werden. Außerdem sprechen die Schritte genugsam für sich selbst. Ich füge einige Skizzen bei, worin die Schritte des ersten, des zweiten und die Zusammenfügung im dritten Grade dargestellt sind.

Die Skizze 3 zeigt den Aufbau des quabbalistischen Baum des Lebens. Die drei senkrechten entsprechen den drei Säulen, den drei großen Lichtern; wir finden die 10 Sephiroth angedeutet, drei Hagalrunen sind darin verbunden, und alle Runen sind vorhanden!
In meiner Schrift über die Freimaurerei (Das Geheimnis und Lehre der Freimaurerei) habe ich die Behauptung aufgestellt, die Freimaurerei im richtigen Sinne, d. h. mit dem richtigen Lehrinhalt, sei arische Religion, die

„Humanität" der Logen sei grobes Missverständnis und Verschiebung des Lehrinhaltes! Selbstverständlich haben mich die Logenbrüder nicht verstanden, da sie genau wie die Kirchenschafe des eigenen selbstständigen Denkens entwöhnt worden sind. Man kann alle Symbole der Mauerei durchgehen und findet überall alt-arische Sinnbilder und Runen!

Es ist auch seltsam um die Geschichte der Freimaurerei bestellt. Man führt sie über die Bauhütten auf die römische Baukorporation zurück, aber noch nie ist die Verbindungslinie aufgedeckt worden. Da sind auf einmal die Bauhütten mit Baumeistern da, welche große Gedanken und Erkenntnisse, ein ganz tiefes geheimes Wissen symbolisch in Dome einbauen, und man weiß gar nicht, woher das stammt. Es darf doch beileibe nicht ein Meister vom Stuhle oder Bruder Redner lehren: Es ist altes Armanenwissen, von jenen alten Deutschen stammend, die man so gerne auf Bärenhäuten liegend und trinkend vorstellt. Denn diese waren gemäß Kirchenlehre dumme Wilde, die erst kultiviert werden müssten.

Nun, die maurerischen Symbole sind sprechend genug für den, der offenen Sinnes sich in die Bedeutung vertieft. Ich wollte einmal eine kleine Probe geben, die Dreiteilung des Logenaufbaues, das 3 mal 3, redet ja überdies eine laute germanisch-arische Sprache!

3. Die Runen-Magie, der Ursprung der Quabbalah
Hohenstätten

Um den obigen Titel noch mehr zu untermauern, zitiere ich unkommentiert aus dem Werk des Ariosophen und Runenkenners John Gorslebens – „Hochzeit der Menschheit" –, damit der geneigte Leser sieht, dass ich mir diese Theorie bzw. diese Tatsachen nicht aus den Fingern ziehe:
- S. 385: *„Die Erkenntnis des Zusammenhanges zwischen Rune und Zahl ist der Schlüssel zur Edda, zur Quabbalah, zum Tarot, überhaupt zu dem Geistgebäude dieser Welt."*
- S. 455: *„Wenn die Rabbiner des frühen Mittelalters erzählen, die Weisheit Salomons wäre so groß gewesen, dass auch sein Kopf immer größer wurde, so dass Salomon nicht mehr durch die Tore Jerusalems ein- und ausgehen konnte, so darf man doch selber nicht so töricht sein, zu glauben, die Rabbiner wären so töricht gewesen, diese Kala, diese Ka(ba)la wörtlich zu nehmen. Bekanntlich oder eigentlich nicht bekanntlich wurde im frühen Mittelalter das alte arische Wissen durch die Eingeweihten in die Synagoge gerettet, und ein späterer Eingeweihter, ein Armane, Reuchlin, rettete 1510 im Einverständnis mit Kaiser Maximilian I., der nicht umsonst der „letzte Ritter" heißt, die Schriften der Kabbala vor der Verbrennung, weil er wusste, dass in der Kabbala eben die Kala der Armanen geborgen worden war. Die Rabbiner haben nie ganz die Geheimsprache dieser Überlieferungen gelöst. So wurde aus dem Salman der Salomon, der geschichtlich nicht nachweisbar ist, der aber in der Kabbala oder Kala für die ganze Salmanschaft steht."*
- S. 455: *„Unter dem Gewande alttestamentlicher Namen und hebräischer Bezeichnungen hat die Kabbala einen wertvollen Teil des alten arischen Weistums, für den Laien allerdings in völlig unverständlicher und missverständlicher Form, erhalten. Der Schlüssel zur Kabbala liegt in den Runen, in den zehn Sefiroth, den zehn Ziffern der Kabbala."*
- S. 572: *„Rembrandt, der nachweislich in rabbinischen Kreisen verkehrte, hat sicher dort seine Anregungen zum Teil geholt. Wir dürfen darüber nicht verwundert sein, arische und jüdische*

Symbolik so nahe verwandt zu finden. Die Kabbala ist eben nicht hebräisches Eigentum. Das Sepher Jeschira erscheint erst im 8. Jahrhundert und das Sepher Sohar erst im 12. Jahrhundert in der jüdischen Literatur. Die Kala, die cuola, die „Quelle", ist eben die Quelle auch der Ka-bba-la, ein Wort, das unter Anwendung der sogenannten B-Geheimnissprache die ba-Silbe eingeschoben bekam, um seinen Ursprung aus dem Worte Kala zu verschleiern. Die Kabbala ist das in die Synagoge vor der Verfolgung durch die Kirche gerettete armanische Weistum. Schon der Armane Reuchlin hatte unter dem Schütze Kaiser Maximilians die kabbalistischen Bücher aus diesem Grunde vor dem Verbrennen durch den Erzbischof von Köln bewahrt."

Auch Sebottendorf sagt in seinem Buch „Geschichte der Astrologie" (S. 107), dass die theoretische Quabbalah ihren Ursprung in der praktischen Runenmagie hat. Im ersten Band der Runen-Reihe haben wir schon im Aufsatz von Sebottendorf „Arische Freimaurerei" darauf hingewiesen! In seinem Astrologie-Buch sagt der obige Autor auf Seite 96: *„Die Steinmetzzeichen sind, wie gesagt, runenartige Zeichen, die Urtypen der althebräischen Schrift!"*

4. Das Pentalpha der Runen
H.S.

Der Runenforscher Studach hat nachgewiesen, dass es
1. ein Ur-Alphabet gibt, welches allen vorchristlichen Alphabeten und ihrer Rangordnung zu Grunde liegen;
2. dass dieses Alphabet in seinen Konsonanten und Vokalen nicht nur, was selbstverständlich ist, die Basis allen Sprachenbaues sei, sondern zugleich auch das urweltliche Symbolum oder die gemeinsamen Glaubensartikel aller vorchristlichen Religionen enthalte;
3. dass die Anzahl der Zeichen und Laute (Runen) dieses Alphabetes nicht mehr und nicht weniger als 12 sei, bestehend aus 9 Konsonanten und drei Vokalen und zwar diese Vokale mit der gegebenen Bedeutung von messianischen Zeichen;
4. dass jedes Glied dieser Zwölfzahl eine vierfache Bedeutung habe, eine arithmetische (Zahl), phonetische (Laut), geometrische (Schrift) und symbolische (Bild);
5. dass diese letztere oder symbolische Bedeutung, das Bild, sich in den allgemeinen 12 Tierkreiszeichen ausgedrückt finde, so dass jedes dieser astralen Zeichen genau in seiner gleichfalls gegebenen Reihenfolge den betreffenden Ur-Alphabetszeichen nach derselben numerischen Rangordnung im Alphabet entspreche;
6. dass dem zufolge die 12 Zodiakalbilder der wirkliche Ausdruck des Uralphabets seien (siehe das Bild der dritten Tarot-Karte in Bardons „Quabbalah". Der Hrsg.) und als solcher Ausdruck der Tierkreis in seinen Zeichen von Anfang an die messianische Rechnung des Weralters oder des eisernen Weltalters von Adam bis Christus in sich berge und zugleich das Spiegelbild auf den kalendarischen jährlichen Kreislauf der Sonne sei übertragen worden, was später den symbolischen Götterkult hervorgerufen habe, dessen moralische Verwilderung und polytheistischer Aberglauben, samt Missverstand und teilweise greuelhafte Profanation des Heiligen selbstverständlich der ursprünglichen wahren Religionslehre ebenso wenig Eintrag tut, als die sektischen Entstellungen der Wahrheit des Christentums im christlichen Weltalter;

7. dass dieses Uralphabet in seiner hieratischen Entwicklung von 12 bis zu 22 Zeichen nicht auf mechanischen oder sogar sprachorganischen Lautgesetzen beruhe, sondern eine dogmatische gegebene, auf die Erscheinungszeit des in ihrem Stammvater, dem Urheber des Ur-Alphabetes, allen Völkern verheißenen Messias gegründete oder daraus folgende Zeichenvermehrung sei und zwar in historisch erkennbaren Zeitstufen von 12 zu 16, dann zu 18, dann zu 22 Zeichen, aus welchem Grunde auch in jedem dieser drei späteren vorchristlichen Alphabete nicht nur alle drei uralphabetischen Messiaszeichen mit der Bedeutung Leben, Tod und Wiedergeburt sich wiederholen, sondern auch jedes dieser drei Alphabete jedes Mal seinen letzten Buchstaben, nach dem Vorbilde des 12. Zeichens im Uralphabet, als das berechnete Zeichen des erwarteten Messias gibt, der da ist das A und O!

Beginnen wir dem 16-Aplhabet, bestehend aus:
1. Fa-Rune
2. Ur-Rune
3. Thor-Rune
4. Os-Rune
5. Rit-Rune
6. Ka-Rune
7. Hagal-Rune
8. Not-Rune
9. Is-Rune
10. Ar-Rune
11. Sol-Rune
12. Tyr-Rune
13. Bar-Rune
14. Laf-Rune
15. Man-Rune
16. Yr-Rune
17. ..
18. ..

Schneidet man nun von diesen drei Quinten mit ihren R-Finale oder 16 Zeichen die Vokale aus, so erhält man 12 Konsonanten: F, Th, R, K, H, N, S, T, B, L, M, R – und reduziert man dieselben auf Grundlaute, so ergeben sich folgende 9 Buchstaben: F, T, R, K, N, S, B, L, M., und man hat die

Verbindung zu den „neun windkalten Nächten", in denen Wodan am Baume hing und die 18 Runen entwarf. So fügt sich eins ins andere, wenn man in Betracht zieht, dass die 9 Ur-Laute auch Zahlenwert haben. Denn 18 x 4 = 72, die Zahl der Ur-Symbolik aller Völker, welche die gesamte Welt in sich enthält.

Da die Welt aus Akasha und den vier Elementen hervorgegangen ist, werden wir nun diese anhand der fünf entsprechenden Runen untersuchen. Dies wird mit dem Ausdruck Pentalpha belegt, welche die 5 Elemente zu einem Ganzen verbinden. Diese sind bekannt unter der Bezeichnung 18er Futhark-Reihe, dessen erste fünf Runen sind:

1. Fa = Feuer = fator – der Vater – der Schöpfer – heiß und trocken
2. Ur = Erde = Ur-Mutter – Ur-Grund – kalt und trocken
3. Th = Thor oder Donner = Luft – feucht und warm
4. Os = Ostara, die Frühlingsgöttin – der Schoss – Wasser – kalt und nass
5. Rit = der Rhythmus – das Gesetz der Polarität – Ida und Pingala das elektromagnetische Fluid – aktiv und passiv. – Dies entspricht dem A-E-I-O-U.

Im „Sepher Jezira", dem Buch der Schöpfung, werden die 22 analogen Buchstaben zum 18er Futhark aufgezählt. Moses fand es als gegeben vor, denn im alten Ägypten schrieb man kyriologisch bzw. runologisch. Das Sepher Jezira hat auch Abraham als Verfasser.

Im Jezirah gilt das analoge Pentalpha vierfach, als ein vorderes und hinteres, oberes und unteres, als Inhalt von 10 Grundzahlen – siehe die „Quabbalah" von Franz Bardon – in welchen die Zahlen 1, 2, 3 = Geist, Wasser, Feuer, übereinstimmend mit Grimnismal 18 der Edda, als Trinum perfectum rotundum oder die Trinität als einheitlicher Schöpfungsgrund des ganzen Weltalls erscheinen, ausgedrückt mit den drei Buchstaben des großen Namen Gottes „JHV", welcher dem Büchlein auch folgerichtig, durch bloße Versetzung dieser drei Buchstaben, als die einheitliche Signatur in jeder Zahl des vierfachen Pentalpha gilt. Aus diesem großen Namen baute Gott folgerichtig seine „Wohnung", den Thron seiner Herrlichkeit mit den vier Rädern, den „Seraphim", den heiligen Tieren und dienstbaren Engeln und setzt ihn, den Namen JHV(H), in den Palast des Heiligtums der Mitte, d. h. in die Vierzahl als Fünftes!

5. Das rituelle erste kleine Arkanum
H. S.

Warum steht in der Überschrift: *Das rituelle erste kleine Arkanum*? Ist es nicht nach den Lehren von Franz Bardon so, dass eine rituelle Handlung sich sofort und ohne Umschweife verwirklicht? Ja, das ist so, und deshalb schreibe ich es auch. Denn wie jeder Runenkundige weiß, stehen die einzelnen Runen in Beziehung zu verschiedenen Gottheiten, wie es schon vor über 100 Jahren der Forscher Guido von List in seinem hervorragendem Werk „Die Ursprache der Ario-Germanen" aufschrieb. Dort sagte er, dass der Is-Rune die Schöpfergöttin Isis vorsteht und man mit ihr über diese Rune in Verbindung treten kann. D. h., dass man bei der wahren Runenmagie mit den hohen, edlen und allmächtig-universellen Gottheiten zusammenarbeitet, welche einen in diesem Weg immer begleiten, schützen und führen, denn deren Hauptanliegen besteht darin, dass man die Verbindung mit den Göttern eingehen soll. Deren Hilfe ist übernatürlich und wahrlich göttlich, denn wenn man alle Dinge richtig macht, man die nötige Einstellung tätigt, kommt man mit ihnen in Kontakt, worauf sie die weitere Führung übernehmen, und den Schüler nach ihrer objektiven Meinung und Sicht lenken, biegen und brechen, damit er schnellst möglichst mit seinem wahren Wesen – der Gottheit – eins wird.

Der Verlauf der Entwicklung geht über die sogenannten „kleinen Runen", die den Mikrokosmos darstellen, zu den „großen Runen", welche den Makrokosmos versinnbildlichen. Die kleinen Runen bereiten den Mikrokosmos auf den Makrokosmos vor. Bei Erreichen eines großen Geheimnisses, kommen danach wieder die kleinen Arkanen an die Reihe, die den Menschen auf die Verbindung mit dem großen Mysterium vorbereiten.

Deshalb sind im Tantra – siehe „Die Schlangenkraft" von Arthur Avalon – jedem Chakra gewisse Vokale zugeordnet (S. 86), dessen Anwendung dem Schüler der indischen Hermetik von Guru eingehend erklärt wird.

Runen hängen stark mit dem beherrschten Sexualtrieb zusammen, denn ohne ihn könnte man niemals schöpferisch wirken. Die fünf Ur-Laute A-E-I-O-U wurden bei der Schöpfung mit Inbrunst hervorgerufen. Inbrunst hat etwas mit „brünstig" zu tun, mit Leidenschaft, innerer Anteilnahme und Ergriffenheit! Die Inder bringen dies schön durch ihre Verehrung der Schöpferorgane, des Lingam und der Yoni, zum Ausdruck. Denn ohne die sexuelle Schöpfung der Welt, versinnbildlicht in der Vereinigung von Gott und Göttin, kann nichts in der Welt erschaffen werden. Es müssen beide Prinzipien vorhanden sein, um schöpferisch zu wirken, wie es durch die Runenmagie nachgeahmt werden kann.

Zum besseren Verständnis des Ablaufes der Übung nummeriere ich die einzelnen Punkt, damit der Praktikant sieht, wie er Schritt für Schritt vorgehen soll. Der Schüler sollte sich größtmöglichst nach dieser Aufstellung richten, und danach arbeiten. Er sollte vor jeder Übung die Punkte geistig oder auch laut aufsagen, sie verinnerlichen, sich diese Ideen einverleiben, damit er einen analogen quabbalistischen Zusammenhang mit den entsprechenden Runen, den Gottheiten, den göttlichen Eigenschaften usw. herstellen kann. Man muss die Eigenschaften der Runen in sich hineinsprechen, denn bei allen Runen invoziert man nämlich gewisse Gottheiten!

Die Namen der analogen Gottheiten sind nur Aspekt der eigenen persönlichen Gottheit, die man verehrt und anbetet. Diese Namen dienen nur der leichteren Überbrückung der verschiedenen Ideen.

Jede Rune hat schöpferische Qualitäten, welche man mit einbeziehen muss, denn es heißt nicht umsonst „das Schöpferwort"! Alle Runen sind erweckend, stimulierend und aktivierend, besonders die Is-Rune.

Wenn die Übung nicht sofort durchschlagende Wirkung zeigt oder nicht so schnell funktioniert, wie man es gerne hätte, darf man nicht gleich traurig sein, man muss es locker nehmen, und sehen, dass es noch so viele Tage gibt, an denen es besser funktionieren wird. Es ist noch kein Meister vom Himmel gefallen! Deshalb soll man bei den Runen-Übungen mit Liebe, Hochachtung und Freude an die Arbeit gehen, bewusst bei der Sache sein.

Ferner kann man, das möchte ich gleich hier explizit hervorheben, mithilfe der Runen die Nahrung bewusst mit den Runenmacht, den einzelnen Runenbuchstaben bzw. Ideen laden! Dadurch hat man eine gesteigerte Kraft gegen unerwünschte Eigenschaften, denn man arbeitet dabei mit den göttlichen Kräften (vgl. die quabbalistische Eucharistie in Bardons drittem Werk. Der Hrsg.).

Bei allen Runen kann man analog der Quabbalah die Fähigkeiten für jeden Buchstaben einfließen lassen. Deshalb bildet als letztes Kapitel in diesem Buch die Schrift „Sepher Jezirah". Wir haben auch unter anderem deshalb verschiedene Systeme in dieses Werk eingebaut, da der Hermetiker dies alles analog für seine Entwicklung gebrauchen kann. Franz Bardon tat dies auch in seinen Werken, wie man an mehreren Stellen immer wieder nachlesen kann. In seiner „Quabbalah" hat er sogar einen Absatz aus dem Werk von Helmut von Glasenapp „Buddhistische Mysterien" aus dem Jahre 1940 übernommen.

6. Die Macht der Runen!
H.S.

Ich mache aus dieser Thematik einen kleinen Beitrag, damit der Hermetiker über diesen wichtigen Sachverhalt eingehend Bescheid weiß.
Die Gottheiten der vier Elemente bilden das Grundgerüst für die Macht der Runen, die sie durch rechte Anrufung an den Übenden übertragen. Es gibt, wie gesagt, für jede Rune einen mit dem analogen Namen versehene Wesenheit, welche selbstverständlich nur ein Aspekt der persönlichen hohen Gottheit des Hermetiker ist, die er zu tiefst verehrt. Deshalb, wenn der Raunende mit ihnen über die verschiedenen Stellungen in Verbindung tritt, bekommt er dieselbe Allmacht wie die Gottheit und wird, wie Franz Bardom immer wieder erwähnt, zu seinesgleichen! Die Entwicklung beginnt nämlich ganz unten bei Malkuth, dem vierpoligen Reich, das hermetisch gesehen mit dem „Adepten" gleichzusetzen ist, und infolgedessen wirken die Runen-Formeln unserer Reife gemäß schöpferisch. Das steigert sich automatisch je nach Erreichen der verschiedenen Sephirots, d. h., sie geht mit der Entwicklung konform, geht Stufe um Stufe der germanischen Weltenesche hoch, bis dass man mit einem Gedanken einen ganzen Kosmos entstehen lassen kann.

7. Runenmagie und Charakterkunde
H.S.

Bevor ich zur eigentlichen Praxis komme, möchte ich noch ein paar Worte zum Seelenspiegel sagen, denn ohne Spiegel in positiver und negativer Hinsicht ist eine Entwicklung anhand der Runen nicht möglich! D. h. für uns Hermetiker, dass wir anhand der Charaktereigenschaften uns mit den Göttern gleichsetzen und veredeln. Dazu ist es unbedingt nötig, einen Spiegel aufgestellt zu haben, wie wir schon mehrmals erwähnten.

Jedoch, worauf wir bis jetzt noch nicht so direkt eingegangen sind, ist, dass Franz Bardon einen Seelenspiegel aufgestellt hat, welcher von Herrn Rüggeberg in seinem Buch „Hermetische Psychologie und Charakterkunde" auf den Seiten 84-129 veröffentlicht wurde. Anion hat ihn übersetzen lassen, den in unserem Besitz befinden sich die Originale, wovon wir weiter unten noch sehen werden. Hierin geht Bardon explizit nach dem Viererschlüssel vor, den er in in seiner „Quabbalah" erwähnt hat. Er teilt ihn nämlich vertieft nach Qualität und Quantität in Aktiv und Passiv ein. Er macht dies nach den Gesetzen des quabbalistischen Lebensbaumes, wonach sich alles zu richten hat. In seinem dritten Werk schreibt er auf Seite 288 Folgendes darüber: *„Mächte, Tugenden, Eigenschaften, Fähigkeiten sind demnach Qualitäten und sind mit Kräften nicht zu verwechseln. Diesen Unterschied muss der Quabbalist (=Runenkundige. Der Hrsg.) genau wissen, will er keinen Fehler begehen, was leider bei vielen Quabbalah-Studierenden sehr oft vorkommt. Deshalb verwechsle man beim quabbalistischen Gebrauch der Buchstaben niemals diese Grundregel. Wenn von irgendeiner Quantität, also Kraft, ganz gleich ob elementischer oder Fluidkraft die Rede ist so handelt es sich immer um einen Stoff. Beim Arbeiten mit Formeln hat diese Grundregel große Bedeutung und es ist ein Unterschied, ob man eine Kraft anwendet, steigert oder sie ins Akashaprinzip, ins Mental, Astral oder ins Grobstoffliche verlegt, ob nun in Form von Volten oder durch Schwingungen usw. oder aber, ob dieselben Kräfte bei sich und bei anderen in den Mentalkörper, Astralkörper oder in den grobstofflichen Körper einverleibt werden. Mächte verschiedener Art, Tugenden, Eigenschaften und Fähigkeiten ob im Akashaprinzip, im Mental, Astral oder in der grobstofflichen Welt angewendet, können auch ohne Kraft – oder Stoffstauung vor sich gehen, also ganz unbewusst zur Quantität gehoben werden. Ist dies der Fall,* *versuchen sich die gesteigerten Fähigkeiten irgendwie zu realisieren, wozu sie ganz automatisch ein bestimmtes Quantum ihrer analogen Kraft aufwenden. Bei diesem Vorgang geht es jedoch immer auf Kosten der betreffenden Vitalität des mentalen, astralen oder grobstofflichen Körpers, mitunter sogar auf Kosten des Schicksals. Die meisten Religionssysteme und vielfach auch die sogenannten Einweihungssysteme lassen diese Grundregel unbeachtet und beschäftigen sich größtenteils nur mit Tugenden, Eigenschaften oder Fähigkeiten, ohne vom analogen Quantitätsstoff, also Kraftstoff, Lebensstoff der zu hebenden Tugend oder Fähigkeit Gebrauch zu machen.*

Dieser grobe Grundfehler wirkt sich natürlich nachteilig aus, mitunter in schweren Disharmonien, Fehlschlägen, Misserfolgen, ja sogar in verschiedenen Störungen der Gesundheit, welche wiederum zu verschiedenen pathologischen Zuständen führen können. Hebt daher ein Quabbalist irgendeine oder mehrere Fähigkeiten im Mental- , Astral- oder im grobstofflichen Körper, ob durch Quabbalah oder auf Grund irgendeiner magischen Anwendung, wie z. B. Ritual, Suggestion – Unterbewusstseins-Beeinflussung –, ohne dass er die den entsprechenden Fähigkeiten notwendige Kraft – Kraftstrahlung – zuführt, dann müssen sich logischerweise früher oder später entweder Misserfolge oder andere unerwünschten Einflüsse einstellen. Des Öfteren werden auch in vielen Eingeweihtenlogen, welche nur eine Hebung bestimmter Tugenden erzielen, ohne Rücksicht darauf, auf welcher Basis sie ihr System aufgebaut haben, verschiedene Begleiterscheinungen – Erlebnisse – wie z. B. Visionen, Halluzinationen, ekstatische Verzückungen u. dgl. verzeichnet und irrtümlicherweise als gewisse Reifegrade geistiger Entwicklung gedeutet. Wie falsch diese Annahme ist, wird dem wahren Quabbalisten sofort klar, wenn er die universalen Gesetze kennt, beherrscht, berücksichtigt und sie richtig in Anwendung bringt. Jede Nutzanwendung quabbalistischer Formelmagie muss qualitativ und quantitativ sein, um nicht Einseitigkeit zu erleben.

Ein kleines Beispiel möge dazu beitragen, den Unterschied zwischen Qualität und Quantität zu kennzeichnen. Ein starker muskulöser Mensch muss nicht immer die seiner Kraft entsprechenden Qualitäten besitzen und umgekehrt: Ein schlanker Mensch, der sämtliche Asanas – Körperstellungen – der größten Yogis ohne Weiteres einzunehmen versteht, muss nicht ihre Fähigkeiten haben. Dieses Beispiel genügt, um zu wissen, dass Fähigkeiten mit Kräften nicht zu verwechseln sind.

*Deshalb hat der Quabbalist in den vorhergehenden Stufen gelernt, die Entsprechungen der Buchstaben – Formeln – sowohl qualitativ, als auch quantitativ anzuwenden. Die vorbereitenden Übungen meines ersten Buches „Der Weg zum wahren Adepten" hat ihn konzentrieren, d. h. verdichten gelehrt, ferner die Kunst, Kräfte quantitativ zu stauen, welche erst nach ihrer Beherrschung qualitativ in Einklang gebracht wurden.
Diese kleine Abschweifung war äußerst wichtig, da der wahre Quabbalist qualitativ und quantitativ zugleich arbeitet.
Alle Göttlichen Namen, alle überlieferten Namen von Engeln, Erzengeln, Vorstehern, Genien usw. haben, falls sie wirklich quabbalistisch echt, also entweder traditionell oder auf Grund eigener Praxis ermittelt worden sind, in ihren Namen ihre quantitative Kraft und qualitative Macht – Eigenschaften, Fähigkeiten, Tugenden usw. Dieser Grundsatz muss auch beim quabbalistischen Gebrauch Göttlicher Namen stets berücksichtigt werden, will der wahre Quabbalist nicht denselben Fehler begehen, wie viele anderen nämlich, dass er sich unter einem Göttlichen Namen – Engelsnamen, Geniennamen usw. – eine personifizierte Wesenheit, ausgestattet mit den ihr zugeschriebenen Fähigkeiten, Wirkungsbereichen usw. vorstellt.
Es ist wohl üblich, sich unter dem Gesamtkomplex einer bestimmten Formel – einer gewissen Anzahl von Buchstaben – ein personifiziertes Wesen vorzustellen, was vom magischen Standpunkt aus auch richtig ist, da der Gesamtkomplex von Kräften und Fähigkeiten einer bestimmten Form analog ist und mit dieser als personifiziertes Wesen identifiziert wird, da sich ja sonst ein Wesen nicht darstellen ließe. Denn was keine Form, keine Kraft oder Fähigkeit hat, existiert in der Schöpfung nicht. Der Quabbalist weiß aber auch, dass die zusammengestellten Buchstaben, die ein Wesen darstellen, gleichzeitig eine quabbalistische Formel sind und einen analogen Zusammenhang mit Kräften und Eigenschaften haben, respektive das betreffende personifizierte Wesen hiermit beschreiben.
Dies muss der praktisch arbeitende Quabbalist berücksichtigen, wenn ein Magier, der ein Wesen evoziert, ruft den Gesamtkomplex, das ist die gesamte Form, welche die Kräfte und Fähigkeiten, also Quantitäten und Qualitäten darstellt, als Form an. Deshalb evoziert der beschwörende Magier das Wesen mit seinem ganzen Namen (=Runenformel! Der Hrsg.) – Gesamtkomplex qualitativ und quantitativ –, welches entsprechend seiner Qualität und Quantität nach außen hin erscheint. Diesen Umstand habe ich bereits in meinem zweiten Werk: „Die Praxis der magischen Evokation"*

erwähnt, in welchem ich die Qualitäten der einzelnen Wesen beschrieben habe, die sich dann ihren Eigenschaften gemäß symbolisch zeigen. Darum bestehen auch die verschiedensten Formen von Wesen, weil diese den Eigenschaften analog sind.

Ein Magier und Quabbalist, der die Universalgesetze und ihre Entsprechungen kennt, kann sofort auf Grund der Erscheinung des betreffenden Wesens – symbolische Ausdrucksweise – die Analogien des Wesens feststellen. Deshalb ist z. B. ein Venuswesen, welchem die Venus-Entsprechungen zustehen, außerstande, die symbolische Erscheinungsform etwa eines Saturnwesens anzunehmen.

Wird also der Quabbalist mit Göttlichen Namen quabbalistisch arbeiten, d. h. sich die ihnen analogen Kräfte und Tugenden qualitativ und quantitativ aneignen, macht er nicht auf einmal vom ganzen Namen Gebrauch, denn das wäre soviel, wie wenn er den Gesamtschlüssel – die Wesenheit – anrufen würde. Aber er wird den betreffenden Namen als Gesamtkomplex buchstabenmäßig gebrauchen. Würde er also beispielsweise den allgemein gebräuchlichen Engels-Namen Gabriel wählen, dann wird er ihn nicht auf einmal als Gesamtkomplex quabbalistisch aussprechen, sondern in Buchstaben zerlegen. Je nachdem, mit welchem Schlüssel der Quabbalist zu arbeiten wünscht, entweder mit dem Einser-, Zweier-, Dreier- oder Viererschlüssel, wird er stets so vorgehen, wie ich es in den Elementeformeln geschildert habe. Er wird einen Teil des Namens entweder mit einem oder mit zwei Buchstaben ins Akasha verlegen, die übrigen Buchstaben in das Mentalreich, in das Astralreich und in die grobstoffliche Welt. Er kann also, je nachdem, wo er die Qualität oder Quantität des gewählten Namens quabbalistisch gebraucht, einen, zwei oder drei Buchstaben des Namens in die einzelnen Ebenen qualitativ oder quantitativ verlegen.

Der Quabbalist ist somit an Hand dieses Schlüssels in der Lage, den Namen eines Wesens quantitativ und qualitativ zu zerlegen – buchstabenmäßig aufzuteilen – und quabbalistisch anzuwenden. Hieraus ist zu ersehen, dass der Machtbereich jedes Wesens – ohne Rücksicht auf die Sphärenzugehörigkeit – seinem Namen analog ist. Die Zerlegung des Namens eines Wesens und Verlegung in die gewünschte Ebene – Mentalreich, Astralreich und grobstoffliche Welt –, sowie die Anwendung der einzelnen Buchstaben des Wesen-Namens nennt man den „wahren quabbalistischen Gebrauch Göttlicher Namen". Der Unterschied zwischen einem Magier und einem Quabbalisten liegt darin, dass der Magier mit

dem Gesamtkomplex der Kräfte und Mächte, also quantitativ und qualitativ als ganze Wesenheit wirkt, wohingegen der Quabbalist den Namen eines Wesens zerlegt und von ihm laut den Schlüsseln akashamäßig, mentalisch, astralisch und grobstofflich qualitativ und quantitativ Gebrauch macht. Dadurch erreicht er dieselben Kräfte – quantitativ –, Mächte, Fähigkeiten, Tugenden Eigenschaften usw. – qualitativ –, welche er selbst gebraucht, ohne mit dem Gesamtkomplex, das ist mit dem geformten Wesen in irgendeiner Verbindung stehen zu müssen.
Diese Grundregel unterscheidet Magie von Quabbalah. Der Magier ruft das gewünschte Wesen herbei oder versetzt sich irgendwie in dessen Sphäre, oder er versucht auf irgendeine passive Weise mit dem Wesen in Verbindung zu kommen, um die gewünschten Kräfte oder Wirkungen zu erzielen. Der Quabbalist hingegen bedient sich der Namen von Wesen als Schlüsselwort und das, was der Gesamtkomplex des angerufenen Wesens zustandebringt, eignet er sich mit Hilfe der Quabbalah selbst an und erreicht gleichfalls die gewünschte Wirkung.
Hieraus geht hervor, dass Magie zwar leichter ist, dass man aber auf den Gesamtkomplex eines Wesens angewiesen ist. Der Quabbalist bringt all das, was ein Wesen erreicht, selbst zustande, indem er den Namen des Wesens als Schlüsselwort oder als Formel quabbalistisch anwendet. Ein Eingeweihter muss jedenfalls beides zu beherrschen wissen und bedient sich der Wesen meistenteils nur dann, wenn er aus Mangel an Zeit sich mit dieser oder jener Angelegenheit nicht selbst befassen kann und daher die Aufgabe einem Wesen überträgt. Will sich der Quabbalist die Fähigkeiten oder Kräfte eines Wesens aneignen, so gebraucht er den Namen des Wesens als Formel.
Ich sehe davon ab, in diesem Werk nochmals die Wesen der zehn Sphären unseres Universums anzuführen. Der Quabbalist, der sich die Kräfte und Mächte der einzelnen Wesen qualitativ und quantitativ aneignen will, findet hierfür die genaue Arbeitsmethode in meinem zweiten Werk „Die Praxis der magischen Evokation", in welchem ich die Namen der Vorsteher, Genien usw., der einzelnen Sphären nebst ihrem Wirkungsbereich angegeben habe.
Wenn also der Quabbalist irgendeine Fähigkeit eines Vorstehers selbst besitzen will, so muss er den Namen des Vorstehers quabbalistisch dem Viererschlüssel – Realisierungsschlüssel – gemäß akashamäßig, mentalisch, astralisch oder grobstofflich anwenden."
Da die selben Gesetze auch in der vierten Tarotkarte Erwähnung finden,

muss ein Magier so arbeiten, muss er analog die entsprechenden Qualitäten und Quantitäten in seinem Seelenspiegel vorweisen, sodass er in der Lage ist, den Gesetzen gemäß richtig und vollkommen zu arbeiten. Erst dann ist er in der Lage, schöpferisch zu wirken!

Zu diesem Zweck soll man seinen Seelenspiegel folgendermaßen gestalten:
- Auf dem ersten Blatt kommen folgende Worte: Wissen – Wagen – Wollen – Schweigen. Darunter: Tetragrammaton – und eine Zeile tiefer: Oben ist gleich Unten!
- Auf die nächsten beiden Din A4 Doppelseiten kommt in der obersten Zeile: Element Feuer – Jod – Kopf – Is-Rune – Isis – Mars – Widder-Schütze-Löwe.
- Dann wird jede Seite in vier Spalten eingeteilt, wobei über den ersten beiden die Worte „Stark-Qualität" und über die restlichen „Stark-Quantität" zu stehen kommt.
- Eine Zeile tiefer wird jede einzelne der vier Spalten mit Aktiv-Positiv, Passiv-Negativ, Aktiv-Positiv und die vierte mit Passiv-Negativ beschriftet.
- Das gilt auch für alle Rubriken.
- Dasselbe macht man den Elementen gemäß mit den restlichen dreien:
- Element Luft – Brust – HE – Ar-Rune – Adonis – Jupiter – Zwilling-Waage-Wassermann
- Element Wasser – Bauch – VAU – Os-Rune – Ostara – Venus – Krebs-Skorpion-Fische.
- Element Erde – Beine – HE – Ur-Rune – Urda – Erde – Stier-Jungfrau-Steinbock.
- Auf die vierte Seite schreibt man „Indifferent", so wie es Franz Bardon in seinem „Adepten" vorgesehen hat.
- Auf die Seiten 5-6 kommen nun die den Elementen vorstehenden göttlichen Eigenschaften, worüber wir schon im „Das erste kleine Arkanum" eingehend geschrieben haben.
- Der gesamte Seelenspiegel soll so gestaltet werden, damit er harmonisch übersichtlich ist und man sofort erkennt, wo die Mängel liegen, damit man in der Lage ist, den Ausgleich anzugehen.

Přehled

vlastností a sil, t.j. kvalit a kvantit s universálního
hlediska ve všech živlech a úrovních se zřetelem
k mikrokosmické podstatě člověka k Universu.

Poř. čís.	Pojmenování idejí, principů a kvalit, neboli vlastností		Pojmenování působících sil, neboli kvantit	
	aktivní	negativní	aktivní	negativní
	A. Principy a Ideje.			
1	Akasha - vše ve všem.			
2	Prána	Prána	Prána	Prána
3	Emanace věčného - Věčnost	Emanace věčného - Věčnost	Akasha	Akasha
4	Vyplnění času aktivní prací činnosti duchovní	Vyplnění času negativní činnosti duchovní, zahálkou, leností	Čas, síla projevu v čase/myšlenek v mentální úrovní.	Čas, síla projevu v čase neg. v mentální úrovní
5	Žít užitečně v prostoru astrální úrovně.	Žít neužitečně v prostoru astrální úrovně.	Prostor - rozměry - astrální úroveň.	Prostor - rozměry - astrální úroveň.
6	Přitažlivost zemská, míra spravedlivá, prostor užitečný, vyplnění času akt. činnosti ve hmotné úrovni.	Přitažlivost zemská, míra nespravedlivá, prostor neužitečný, vyplnění času neg. činnosti ve hmotné úrovni.	Váha, míra, prostor, čas, hmotná úroveň.	Váha, míra, prostor, čas, hmotná úroveň.
7	Zákon - Karma	Příčina tvořené proti zásadám karmického zákona.	Osudová síla tvořící příčiny a následky aktivní.	Osudová síla tvořící příčina a následky negativní.

Poř. čís.	Pojmenování idejí, principů a vlastností, neboli kvalit.		Pojmenování působících sil, neboli kvantit.	
	aktivní	negativní	aktivní	negativní
15	Pravda	Lež	Síla svědomí	Síla sobectví nebo utajení.
16	Aktivní vlastnosti ducha ve čtyřpólovém magnetu.	Negativní vlastnosti ducha ve čtyřpólovém magnetu.	Věčný Duch, nejvyšší řídící Akashický princip v Sahasraře v astrálním těle.	Vibrace, síla čtyřpólového magnetu v jeho neg. pólovém záření v mentální úrovni.
17	Aktivní vlastnosti ve čtyřpólovém magnetu v astrální úrovni.	Negativní vlastnosti ve čtyřpólovém magnetu v astrální úrovni.	Duše /astrální tělo/, středisko sil a vlastností ducha v astrální úrovni.	Vibrace, síla čtyřpólového magnetu v jeho neg. pólovém záření v astrální úrovni.
18	Aktivní vlastnosti ve čtyřpólovém magnetu ve hmotné úrovni člověka.	Negativní vlastnosti ve čtyřpólovém magnetu ve hmotné úrovni člověka.	Tělo hmotné se všemi projevy aktivních vlastností ve hmotné úrovni.	Vibrace, působení čtyřpólového magnetu v neg. pólovém záření na hmotné úrovni.
19	Život člověka zasvěceného.	Život člověka nezasvěceného.	Vitalita, životnost v krvi a spermu při vzájemném působení. Akasha.	Odumírání, rozkladná činnost čtyřpólového magnetu /princip země/

B/ __Živel oheň.__

1	Živel oheň.	Živel oheň.	Expanse - pronikavost.	Ničení.
2	Všemohoucnost.	Vůle nevypěstovaná, nezušlechtěná - normální / chtění /.	Všemohoucí síla vůle.	Síla chtění, bez realisace.

Poř. čís.	Pojmenování kvalit.neboli vlastnosti		Pojmenování působících sil, neboli kvantit	
	aktivní	negativní	aktivní	negativní
	C/ Živel vzduch.			
1	Živel vzduch +	Živel vzduch -	Neutralisace vyrovnávání.	Ničení.
2	Moudrost.	Sobecké já.	Akashický princip	Síla sobectví, zaslepenosti.
3	Vševědoucnost.	Nevědomost.	"	"
4	Vědění, inteligence, poznání.	Primitiv	Intelekt, rozum.	Síla nedůvěry. Velmi nízký stupeň vývoje.
5	Vědomí.	Podvědomí.	Mysl,síla působení aktivních vlastností ve čtyřpólovém magnetu.	Mysl,síla působení negativních vlastností ve čtyřpólovém magnetu.
6	Aktivní idee ze světa Příčin.	Negativní idee ze světa Příčin.	Myšlenky aktivního pólového záření živlů.	Myšlenky negativního pólového záření živlů.
7	Souhrn událostí, představ,myšlenek z minulého života.	Těžkopádnost při pátrání v paměti po minulých událostech.	Paměť jest síla, jíž si dovedeme vzpomenout a představit určité události z minulosti.Paměť je vyhledávání ze světa Příčin.	Zapomětlivost, slabá paměť.
8	Zájem o rozjímání ní určité věci, idee,události po stránce aktivní.	Slabý zájem, lhostejnostk věcí,problému,který máme vyřešit.	Vytrvalost,síla aspekt intelekt jak dlouho vydrží kdo myslet, rozjímat,meditovat atd.	Chvilkovost,nestálost,neg.síla,jež nedovoluje déle vytrvale mysleti,meditovat,cítit atd.

Poř. čís.	Pojmenování kvalit, neboli vlastnosti		Pojmenování působících sil, neboli kvantit	
	aktivní	negativní	aktivní	negativní
118	Nikdy se nevměšujeme do povahových věcí bližních, ani je proto neodsuzujeme ani nepomlouváme.	Vyčítáme špatné i dobré skutky, chyby, omyly bližním ale na sebe nenecháme dopustit.	Znalost a ovládání karmického zákona.	Síla sobectví, neznalost a neovládání karmických zákonů, příčin a následků.
119	Správné oceňování povah, umění a vlastností atd. jiných lidí a slušné chování se k nim.	Oceňování a uznávání jen sama sebe	Síla živlové vyrovnanosti.	Síla sobeckosti, nevyrovnanosti.

D/ Živel Voda.

	aktivní	negativní	aktivní	negativní
1	Šlechetnost, dobrotivost.	Zlovolnost.	Síla pomoci tam, kde to Karma připouští.	Síla nenávisti a sobectví.
2	Upřímnost, přímost.	Lstivost/za zády/ neupřímnost.	Síla pravdy a důvěřivosti k bližnímu.	Síla lstivosti a neupřímnosti.
3	Láska, sympatie.	Nenávist, antipatie.	Síla pravé pomoci potřebným, síla vzájemného působení živlů.	Síla nenávisti a vzájemného působení živlů.
4	Lhostejnost vůči falešné lítosti, zvědavosti atd.	Zvědavost na věci po nichž nám nic není.	Síla uvědomování si působení neg. vlastností.	Síla zvědavosti.

Poř. čís.	Pojmenování kvalit, neboli vlastností		Pojmenování působících sil, neboli kvantit	
	aktivní	negativní	aktivní	negativní
98	M í r.	Válka. Stav všeobecně sobecký, nenávistný, závistný, pomstychtivý, krutě rozvratný /oheň/	Působení síly čtyřpólového vyrovnaného magnetu. /Živel voda/.	Působení síly nevyrovnaného čtyřpólového magnetu /vášní/živel oheň/.
99	N a d ě j e.	Skepce - nedůvěra.	Částečná důvěra v úspěch.	Naprostá nedůvěra v úspěch.
100	Bezpodmínečné dodržení daného slova, slibu.	Nedodržování daného slova.	Síla nejvyšší ctnosti-slibu.	Síla neuznávající sama sebe jako ducha stvořeného k obrazu Božímu.

B/ Ž i v e l   Z e m ě.
==================================

1	Neulpívání ničem dočasném.	Ulpívání na hmotných věcech, bohatství, labužnictví a podobně.	Síla uvědomování si, že nám v pravdě nic nepatří, jsme toho jen správci po dobu dočasného života.	Síla přitažlivosti ke všemu hmotnému.
2	Oceňování sama be pomocí správné introspekce.	Chybné, nesprávné seoceňování sama sebe.	Síla správné introspekce, sebepoznávání, sil, vlastností, schopností.	Síla přeceňování nebo podceňování sama sebe bez introspekce.
3	Vyrovnanost.	Nevyrovnanost.	Síla živlové rovnováhy.	Síla působící v nevyrovnaném čtyřpólovém magnetu.

Je mehr man seinen Seelenspiegel ausarbeitet, aufstellt und fertigt, desto deutlicher kristallisieren sich die elementespezifischen Eigenschaften und Gefühle heraus, die göttlichen Züge manifestieren sich und man bekommt mehr Kraft und Macht, die Buchstaben bzw. die Runen erlangen mehr durchschlagende Wirkung!
Wir gehen noch einen Schritt weiter. Wie wir schon im „Ersten kleinem Arkanum" erwähnt haben, trägt man auf ein weiteres Blatt die göttlichen Ideale ein, denen man nach der „Quabbalah" von F. Bardon gleichzeitig die einzelnen entsprechenden Buchstaben zuordnet, damit man über die Elemente, über deren Wirkungen und die göttlichen Eigenschaften Bescheid weiß. Einem belesenen Hermetiker fällt dazu sofort die Analogie zu den Schriften des englischen Magiers John Dee auf, der einige Elementequadrate aufzeichnete, mit denen sich der Magier früher oder später beschäftigen kann und soll. Dies erleichtert ihm die Zuordnung der elementaren Eingenschaften der einzelnen Schöpfer-Buchstaben, die er dann zu göttlichen Namen zusammenstellen kann, um mit ihnen quabbalistisch oder raunend zu arbeiten.

Nach Bardon sieht das so aus:

Dem Element Feuer ist analog:

- Im Akashaprinzip der Buchstabe SCH,
- im Mentalreich der Buchstabe H,
- im Astralreich der Buchstabe S und
- in der Materie der Buchstabe T.

Beim Element Luft ist es:

- Im Akashaprinzip der Buchstabe A,
- im Mentalreich der Buchstabe C,
- im Astralreich der Buchstabe L und
- in der Materie gleichfalls der Buchstabe H.

Das Feuerprinzip im Mental und das Luftprinzip in der Materie haben ein- und denselben Buchstaben, was die Aktivität des Luftprinzipes in der grobstoffliche Welt ausdrückt.

Beim Element Wasser ist es:

- Im Akashaprinzip der Buchstabe M,
- im Mentalreich der Buchstabe N,
- im Astralreich der Buchstabe W und
- in der Materie der Buchstabe G.

Beim Element Erde ist es:

- Im Akashaprinzip der Buchstabe Ä,
- im Mentalreich der Buchstabe I,
- im Astralreich der Buchstabe F und
- in der Materie der Buchstabe R.

Der leichteren Erfassung der göttlichen Wirkung haben wir jeden Buchstaben dem ihm unterstehenden göttlichen Namen hinzugefügt. Dennoch empfehlen wir dem Hermetiker, diese Arbeit selbstständig zu vollbringen, wie z. B. die Elementezugehörigkeit usw. Alle Ungereimtheiten klären sich mit der Zeit der Entwicklung:
- A: unmanifestierte Allweisheit
- B: universelles polares Leben
- C: göttliche Umwandlung
- D: göttlicher Schöpfungsakt
- E: Allbewusstsein
- F: göttliche Gesetzmäßigkeit
- G: göttliche Gnade und Barmherzigkeit
- H: göttliche Verständnis und Macht der Schöpfung
- CH: göttliche Klarheit und Reinheit
- I: göttliches Leben
- J: allumfassende kosmische Liebe
- K: Allmacht
- L: göttliche Tugend und Reinheit
- M: unmanifestierte All-Liebe
- N: höchste Glückseligkeit
- O: göttliche Gerechtigkeit

- P: göttliche Sehnsucht nach Vollkommenheit
- R: göttliche Ungebundenheit und Freiheit
- S: Allkraft
- Sch: unmanifestierte Allmacht
- T: göttlicher Inspirationen und Intuition
- U: göttliches Ursein
- W: kosmische Intuition der All-Liebe
- Ü: göttlicher Ur-Rhythmus
- Z: göttliche Verstandeskraft der Gesetze
- Ä: dem Reinen ist alles rein
- Ö: tiefste Erkenntnis über die Quintessenz

Da Franz Bardon den vollkommenen quabbalistischen Lebensbaum mit sämtlichen Analogien und elementaren Beziehungen aufgelistet hat, muss man, um ebenfalls vollkommen zu werden, alle Gesetze von ihm bzw. vom Baum des Lebens richtig und korrekt anwenden, damit man alle göttlichen Ideen in sich umsetzt und verwirklicht. Nur so kann man werden, wie seine Schöpfergottheit ist, Stufe für Stufe der Jaboksleiter emporschreitend, wobei jede Leitersprosse einem Buchstaben entspricht. Dies wird im Runensystem durch die den 18 Runen entsprechenden Gottheiten angedeutet, welche alle unterschiedliche Qualitäten und Quantitäten besitzen.

8. Vorbereitung
H.S.

Selbst der politisch weit rechts eingestellte Lanz von Liebenfels sagt in seiner Schrift „Praktische Einführung in die arisch-christliche Mystik", dass man nicht in der Ferne suchen muss, um sich selbst kennen zu lernen, sondern die reine nordische Mystik beinhaltet alles, was der Mensch für seine Entwicklung braucht. Man braucht dazu keine hohe Bildung, nur einen Willen, der uns vorantreibt, genügt vollauf. Das Wichtigste ist dazu die Selbsterkenntnis, das Wichtigste von allem auf der Welt! Genauso schreibt er, dass bevor man sich mit Wesenheiten der Astralebene einlässt, ob es nun der Spiritismus oder die Dämonologie ist, es unbedingt nötig ist, mit seiner eigenen Gottheit in Verbindung zu treten. Dann hat man die Herrschaft über diese Genien und man kann ihnen befehlen. Daher ist der Weg der Runen der beste, denn man arbeitet mit den verschiedenen Gottheiten zusammen, die einem die Welten eröffnen. Lobend wird vor allem F. B. Marby in diesem Zusammenhang erwähnt. Des Weiteren gab wunderbare Tipps, die ich zur Praxis hier einbauen kann, welche die notwendigen Vorbereitungen betreffen. Man sollte sich einen Altar errichten, auf dem man seine Gottheit durch individuelle Gestaltung Verehrung entgegenbringt. Des Weiteren

- sein Tagebuch und Stift bereit legen, wo das Datum, die Uhrzeit usw. eingetragen wird;
- entsprechende Räucherungen vorbereiten usw.
- Kerze anzünden zur Verehrung des Urlichtes
- nötige heilige Einstellung usw.
- Waschung von Gesicht und Hände
- Trinken bereitstellen zur Stärkung
- Auswahl der günstigen Zeit, nach Marby zwischen 6-10 Uhr morgens und abends;
- Vorbereitung des Raumes, man invoziert ja die Gottheit, durch die Belichtung usw.;
- der Raunende konzentriert sich ganz auf das Runengeschehen, wenn er den Raum betritt; man sollte sich der heiligen Handlung bewusst sein;
- Glocke zum Einläuten der heiligen Handlung;

- die Edda-Verse sollten zum Lesen bereitliegen:
- einige Male atmen, um die Gedanken zu beruhigen.

Zu Beginn sollte jede Rune gegen Norden gestellt werden. Wer möchte, kann auch das Singen und die Stellung gesondert üben, welches von Vorteil ist, denn in der Quabbalistik ist das Vollkommene von großer Bedeutung! Erst wenn man beides gut beherrscht, ist es das Beste, beides gemeinsam zu üben. Dann kann man sicher sein, dass die Rune positiv in Richtung der mittigen Entwicklung sich auswirken wird.

Zusätzlich sollte man in sein Runen-Tagebuch, das man in fünf Rubriken unterteilt – Is-Ar-Rit(=Eh)-Os-Ur – zu beginn den Namen der entsprechenden Gottheit eintragen, um sich dadurch an das Göttliche zu halten. Durch diese Form der Verehrung bekommt man von seiner Gottheit als Dank einen Ratschlag, einen Hinweis, eine Inspiration, die für seinen Weg von Nutzen ist. Des Weiteren muss man während der Zeit des Übens immer den Seelenspiegel im Auge haben, bis er vollkommen in jedem Element steht. Angenommen, man schafft es nicht, aus welchen Gründen auch immer, sich auszugleichen, zwingen die Runen der vier Elemente bzw. die Rit-Rune, welcher der göttlichen Gesetzmäßigkeit, dem Rhythmus, der Harmonie, sprich dem Ausgleich untersteht, den Praktikanten dazu, sich zu veredeln, sich zu harmonisieren. Allein die Übung mit der Rit-Rune führt den Übenden mit der Zeit von ganz alleine zur Harmonie, zum Ausgleich, weil ihre Schwingung so aufgebaut ist. Deshalb ist es das beste Ritual, was jemals erschaffen wurde. Es wirkt, und das bei jedem, der den nötigen Ernst aufweisen kann. Wer mit Liebe und Ehrfurcht die Runenmagie ausführt, der wird mit Erfolg und Fortschritt gekrönt.

Eine abschließende Anmerkung: Die Sätze „Ich bin" oder „Ich bin der ich bin" bei den Runen Is und Ar beziehen sich immer auf die Gottheit, welche sich auf diese Weise äußerst. Durch nachahmen und sprechen derselben ruft man sie an und verbindet sich mit ihr.

9. Is-Rune

Is-Runen-Stellung

Das sing ich zum Neunten, wenn Seenot mich drängt,
mein Schiff vor den Fluten zu schützen;
Dem Sturm biet ich Stille, wie steil auch die See,
und wiege die Wogen in Schlummer.

1. Der obige Vierzeiler aus dem Runen-Zauber-Lied wird als Einleitung als erstes gesprochen bzw. gesungen, nach dem man sich mit den Worten JHVH bekreuzigt hat: Jod – Kopf – He – Bauch – VAU – linke Schulter – He – rechte Schulter ist mit drei Finger – Zeige-, Mittelfinger und Daumen zu tätigen. Zu achten ist hierbei, dass man die Worte im Vers wie – *schützen – biet ich Stille – und wiege die Wogen* – als einen Akt des Willens betrachten sollte, den man mit Hilfe des Feuerelementes ausübt. D. h., dass man die Idee jedes Spruches mit in die Runenmeditation einfließen lassen sollte.
2. Danach spricht man: „Dies sage ich in deinen Namen – Isis, die ich dadurch anrufe, in dem ich die erste Rune, die erste Hyroglyphe praktiziere." Den Satz – „Dies sage ich in Deinem Namen" – soll man denken/sagen, damit es zu einer schnelleren Verbindung

kommen kann. Man soll jedoch bedenken, dass man durch die Runen geformt wird, dass man ihre „Schwingung", ihre „Gedanken" und „Ideen" aufnehmen muss, sie aufnimmt und sie umsetzt und auch ausführen wird, ja, sie verwirklichen muss. Hat man das geschafft, kommt die Gottheit, denn sie sieht, dass das Gefäß – der Hermetiker – bereit ist!
3. Dann beginnt die Meditation über das Feuer, das quabbalistische JOD im Tetragrammaton, was man extra hervorheben soll, welches heiß und trocken ist, die Hitze, die Wärme, die Farbe rot, die Expansion, die Ausdehnung und Ausstoßung. Das ist die Is-Rune, der quabbalistische Buchstaben „I"; die Is-Rune entspricht dem schöpferischen Prinzip sämtlicher Gottheiten; Is = Aufgang der Sonne, die Säule, der Pfeil, der Phallus, die Irmin-Säule, Weltenachse Meru, die Wirbelsäule, die Schöpfer-Gottheit Isis bzw. Osir-is; Is = flammendes Herz = Manipura-Chakra = Akashamittelpunkt = Schöpfung; Herr/in der Polarität, Rune der Selbstbeherrschung, nach Kummer die Willensrune, nach Ariane die Rune der Selbsterkenntnis, denn Feuer verbrennt die Hand und verursacht Schmerzen, wenn man auf die Herdplatte greift. Der „Schmerz" gibt die Erkenntnis über die Hitze. Die Is-Rune untersteht dem Planeten Mars, dem Seelenspiegel des Feuer. Sie ist die Ich Bin-, ich Will-Rune; die Stellung des Kämpfers, des Streiters, des Magiers, des Herrschers, des Beherrschers der ersten Tarotkarte. Sie hat die Form der Eins, deshalb untersteht sie der Gottheit. Die Is-Rune ist die neunte Rune im Futhark, neun ist die Zahl der Vollendung; die Farbe des Blutes, die Kraft, die in ihm steckt, das arterielle Blut, das von Herzen ausgestoßen wird.
4. Die Is-Rune vermittelt die Beherrschung der drei Körper, Ebenen, Matrizen, Rubriken im Seelenspiegel; die drei Arten der Askese – mental, astral und stofflich; bewusst Denken, bewusst Fühlen und bewusst Handeln; Gedankenzucht, -kontrolle, -beobachtung; die Is-Rune verstärkt durch ihre Zusammenarbeit mit der Gottheit die Imagination, Konzentration, Meditation und Kontemplation.
5. Sie ist das Positive, das Plus, das Aktive; die rechte Körperseite, das elektrische Fluid, die männliche Weltseele, von kleinsten Feuerfunken bis zum größten Weltenbrand, das Tätige, das Emporstrebende, das nach oben Strebende, das elektrisches Fluid, das Stärkende, Kräftigende, Gesundende, Heilende, Göttliche,

Veredelnde, Verjüngende, der Stein der Weisen, dessen Farbe rot ist, das Klärende, der alles beherrschende Wille, wirkt auf die Matrizen stärkend, aktivierend, belebend, weshalb die Welten mit den Körpern besser verbunden werden; alle drei Körper werden aktiver; die Gedanken, Gefühle und Taten kann man besser kontrollieren.

6. Ist den Augen, dem Sehen, dem optischen Sinn, dem Hellsehen, dem Kopf analog, die Göttlichkeit der Is-Rune verstärkt den optischen Sinn, weckt das Sehen bzw. das Hellsehen.
7. Die Göttin Isis steht der Rune vor. Mit ihrer Hilfe (Gottverbundenheit) erlangt der die Rune stellende Hermetiker die Herrschaft über das Feuer (+ und –) im Seelenspiegel, sowie über alle anderen seelischen Eigenschaften und Elemente in demselben.
8. Dann sagen: Es wird die Idee aus dem Akasha gezogen, mental, astral und stofflich angereichert, welches eine göttliche Belebung in jedem Körper, in jeder vierpoligen Ebene entspricht; dazu wird jeder Körper von universellen Standpunkt aus vollkommen beherrscht, d. h., dass die Is-Rune alle drei Körper in ihrer polaren Vierpoligkeit, wie es Franz Bardon im „Adepten" verlangt, ausgeglichen beherrscht (vgl. die mentale Ausgeglichenheit in der 6. Stufe). Also:
1. vollkommene Beherrschung des Mentalkörpers: alle vier Sinne – Wille, Verstand, Gefühl und Bewusstsein, welche sich in Sehen, Hören, Fühlen und Riechen/Schmecken äußern
2. vollkommene Beherrschung des Astralkörpers: alle vier Temperamente – cholerisch, sanguinisch, phlegmatisch und melancholisch.
3. vollkommene Beherrschung des Stoffkörpers: alle vier Elemente wie Feuer, Luft, Wasser und Erde.
9. Dann den Seelenspiegel auf das Feuer und die göttliche Idee ausrichten, d. h., dass man die menschlichen Eigenschaften mit den richtigen göttlichen durch Meditation verbindet, so wie wir das im „Das erste kleine Arkanum" bereits beschrieben haben (bitte dort nachlesen). Ein Beispiel: Wenn man mit der Allmacht und der Is-Rune arbeitet, dann werden ihr der Wille, die Ausdauer usw. untergeordnet.
10. Diese menschlichen Eigenschaften muss man nun in die Hitze, in das rote Licht (Feuer im Körper) hineinsprechen und sich

vergewissern, dass sie im Feuer enthalten sind. Mit der Zeit bekommt man ein Gefühl dafür.
11. Die davor aufgezählten Ideen sind alle in der Hitze, im Druck, in der roten Farbe im Körper vorhanden und verbinden sich mit dem Feuer und der Göttlichkeit, d. h., mit der göttlichen Eigenschaft der Allmacht, oder Allkraft usw., je nach eigenem Wunsch der Verwirklichung.
12. Danach Singen der Is-Rune und gedankliche Anrufung an die Gottheit, genauso wie es beim ersten kleinen Arkanum der Fall ist. Eingeleitet wird dies in der Ausgangsstellung der Is-Rune – siehe das Bild – durch eine langsame rhythmische Atmung, indem man dreimal die Schlüsselbein-, Brust- und Bauch-Atmung vollbringt, welches sich auf die Verwirklichung und die Verbindung in allen drei Ebenen bezieht. Man kann von eins bis drei zählen und dabei Schlüsselbein-, Brust und Bauchatmung vollbringen. Alle guten Dinge sind drei! Ausatmen in der umgekehrten Reihenfolge.

Ausgangsstellung der Is-Rune

13. Dann die Arme hoch in die Luft strecken, als wenn man die Kraft herunterziehen will (siehe Marby´s „Runenbücherei" Band 5/6). Zu Beginn nur ein halbe Minute singen, danach auf ein bis zwei Minuten singen des quabbalistischen Buchstabens steigern, aber nicht übertreiben, denn die Kraft wird enorm, und dabei über das Feuer meditieren. Man wird ein Strömen der Hitze spüren, eine fremde Kraft wahrnehmen, die so stark wird, dass es einem dem Schweiß aus den Poren treibt!

14. Danach in die Ausgangsstellung der I-Rune zurückkehren, Arme am Körper herabhängen und das Feuer im Körper beruhen lassen und über dessen Eigenschaften meditieren wie Allmacht, Allkraft usw., je nach dem, was man verwirklicht haben will. Dabei den Satz „Isis – ich bin" immer wieder in Verbindung mit der Göttlichen Eigenschaft der Allmacht oder einer anderen Eigenschaft denken. Dies muss mit Inbrunst, voller Hingabe an die Gottheit, geschehen, so, als ob man sie aus der Unendlichkeit anrufen, ja, zwingen wollte, zu kommen.
15. Dann muss man unbedingt die Rune bzw. das Feuer im Körper abklingen lassen, die auftretende Hitze und Expansion aus dem Körper ableiten. Dies geschieht so: Nach Beendigung der Übung leite der Runer auf folgende Weise die zu stark zugefluteten Feinkräfte (Elemente) oder durch falsche Gedanken zugeflossenen ungünstigen Wellen ab: In der Stellung der Ausgangsform der Is-Rune summe man das „I" im hohen Ton, senke dann bis zum tiefsten Ton, wobei man willensbewusst oder imaginativ denkt, dass sich alle seinem Geist, Seele und Körper schädigenden Wellen mit dem im Körper schwingenden Ton verbinden, durch den Körper fließen und beim tiefsten Ton unter der Fußsohle in die Erde abklingen. Man wird eine der Is-Rune analoge Hitze unterhalb seiner Füße spüren, wird ein Ausströmen des Feuers „wahrnehmen".
16. Hat man all dies getan, soll man sich für die heilige Runenübung noch mit gefalteten Händen in entsprechender Himmelsrichtung verbeugen und bedanken.

Nachtrag:

Wenn man sich ein wenig an die Schwingung des Feuers gewöhnt hat, wenn man einige Erfahrung gesammelt hat, kann man sich der Himmelsrichtung Osten zuwenden, welche dem Element Feuer untersteht. Man wird dabei merken, dass die Kraft der Schwingung sich spezifisch verstärkt. Die Dynamide der Rune bekommt noch mehr Qualität, denn das Feuer ist die Quelle des Lebens.
Ein herrlicher Meditations-Satz ist folgender, den man gut in das obige Schema einbauen kann: „Isis, ich will so werden wie Du!"
Isis ist das schöpferische Teilchen des Mars, spendet uns Licht und

Schatten, ist die reinste Energie und gibt uns die Charaktereigenschaften der Vierpoligkeit vom Feuer, wie das bei allen anderen Planeten auch der Fall ist. Des Weiteren übermittelt sie uns das Negativ wie das Positive in allen drei Bereichen; kosmische gesehen symbolisiert sie das Ein- und Ausstoßen.

Einiges noch zum Atem: Er muss immer rhythmisch sein, immer harmonisch fließen, während allen Runenübungen rhythmisch den Dreieratem anwenden: Schlüsselbein – Brust – Bauch, das harmonisiert alle drei Körper! Ausatmen entspricht dem Äther, alles wird im Materiellen geschöpft, einatmen entspricht Akasha, das rein Geistige! Das ist der Atem Brahmas! Richtig Atmen heißt deshalb vollkommen schöpfen!

Das nun folgende Gedicht gibt sehr anschaulich die Idee des Feuers wieder:

Ludwig Uhland – Jung Siegfried

Jung Siegfried war ein stolzer Knab',
Ging von des Vaters Burg herab.
Wollt' rasten nicht in Vaters Haus,
Wollt' wandern in die Welt hinaus.
Begegnet' ihm manch Ritter wert
Mit festem Schild und breitem Schwert.
Siegfried nur einen Stecken trug;
Das war ihm bitter und leid genug.
Und als er ging im finstern Wald,
Kam er zu einer Schmiede bald.
Da sah er Eisen und Stahl genug;
Ein lustig Feuer Flammen schlug.
„O Meister, lieber Meister mein,
Lass du mich deinen Gesellen sein,
Und lehr' du mich mit Fleiß und Acht,
Wie man die guten Schwerter macht!"
Siegfried den Hammer wohl schwingen kunnt,
Er schlug den Amboss in den Grund;
Er schlug, dass weit der Wald erklang
und alles Eisen in Stücke sprang.
Und von der letzten Eisenstang'
Macht' er ein Schwert, so breit und lang.

„Nun hab´ ich geschmiedet ein gutes Schwert,
Nun bin ich wie andere Ritter wert;
Nun schlag´ ich wie ein andrer Held
Die Riesen und Drachen in Wald und Feld!"

10. Ar-Rune

Stellung der Ar-Rune.

Ein Zehntes ich finde, wenn zaubrische Frau'n
im Fluge die Lüfte durchfahren;
Ich wirk es dahin, dass sie lassen verwirrt
von Gewalt und zerstörendem Streben:

1. Nach dem Bekreuzigen und Singen des obigen zehnten Liedverses aus dem Havamal soll man sagen: „Dies sage ich in deinem Namen – Adonis, und rufe dich dadurch an". Dann Folgendes verinnerlichen: Adonis ist Adonay und Istar, die Gottheit der Ar-Rune, ist elektrisch und magnetisch, also aktiv elektromagnetisch. Wir sprechen der Allweisheit eine Gottheit zu, geben ihr einen Namen, weil man sich dadurch persönlich besser mit der göttlichen Wesenheit verbinden kann. Alle hier verwendeten Gottesnamen sind den Runen analog, aber gleichzeitig sind es Aspekte der eigenen Gottheit, die man gewählt hat, um sich mit ihr zu vereinen. Denn jede Idee ist lebendig, hinter allem steht ein Wesen!
2. Dann beginnt die Meditation über das Luft-Prinzip, dem tetragrammatonischen HE, dem blauen Licht, dem feucht-warmen Prinzip, dem Leichten, dem Seichten, dem Erhebenden, dem Erhabenen, dem Ungebundenen, dem Freien, dem Unabhängigem, dem Schwebenden, dem Reinen, dem Arischen, den Vögeln, den Flügeln. Man macht die zweite Rune, die zweite Hyroglyphe, die Rune Ar, den Buchstaben „A", bei den Hebräern das Aleph,

welches die erste Tarot-Karte symbolisiert, genauer gesagt den Ausgleich darstellt. Aleph (A=Luft) war der erste quabbalistische Buchstaben, mit dem die Gottheit die Welt erschaffen hat – vgl. Aum –, aus der Mitte, aus der Neutralität heraus, vom Standpunkt der All-Weisheit. In der ersten Tarotkarte geht es nämlich nur um den A-usgleich, der durch die Gottverbundenheit gefestigt wird. Durch ihn kommt man in Kontakt mit der unergründlichen göttlichen Weisheit, welche durch die polare Gottheit Adonis (Adonay und Ischtar) verkörpert wird. Diese Gottheit vermittelt uns den Ausgleich, das Gleichgewicht, die Neutralität, die Sonne, den Solarplexus, die Wage, die Feder, die Balance, das Herz Christi usw. Ar-Rune = Ausgleich zwischen Licht und Schatten; untersteht dem Planeten Jupiter und das „A" in der Schöpferformel AUM.
3. Es untersteht der Idee des AUM; AMSCH, der erste Schöpferlaut Ar, die Luft, die Allweisheit; die Weisheit ist so fein und ungebunden, dass sie erst richtig frei macht! Leichtigkeit, luftig, schwebend, hebend, ungebunden, frei, beflügelt.
4. Die Luft bildet den Dämpfer, das Medium, den Vermittler, den Verbinder, den Überbringer, die Mitte, die Lunge – zwischen Magen (Wasser) und Kopf (Feuer), man kann dadurch besser atmen, die Luft wird durch die Ar-Rune besser genutzt, man kann die Atemübungen besser vollziehen, mentale Fähigkeiten werden gestärkt, Gedankenlesen, Sprache der Tiere usw.
5. Die Kraft und Macht der Ar-Rune baut auf, gesundet, heilt, belebt, bereinigt, veredelt, vergeistigt, vergöttlicht, macht uns zum mittigen Stein der Weisen, welcher uns rückwirkend veredelt. Die Ar-Rune weckt den Sinn für die Mitte! Die richtige Richtung der Mitte einschlagen, das im seelisch-geistigen Sinne wie auch im körperlichen. Die Ar-Rune weckt den Sinn fürs Gleichgewicht, für den Seelenspiegel, gibt Intuition. Diese Rune ist der Ausgleich zwischen Heiligkeit (Feuer) und Seligkeit (Wasser) = Mitte!
6. „A" (Ar) – dieser göttliche Buchstabe bereichert, gleicht aus, macht alle Handlungen der drei Körper neutral, im Denken, Fühlen und Handeln, das aktive elektromagnetische Fluid gleicht die Körper aus und die Matrizen werden zum mittigen Handeln gedrängt, influiziert, aktiviert. Das elektrische und magnetische Fluid sind ausgeglichener beisammen. Es beflügelt, macht ungebunden, frei, unabhängig, windig, denkerisch, stärkt das Gedächtnis, ist dem

Adler, dem Sonnenar untertan, der Orientierung, der Vernunft, der Logik, der Mathematik, der Argumentation, der Diskussion.
7. Ist der Brust, dem Ohr, dem Hören, dem Hellhören analog, verstärkt die akustischen Vorstellungen, welche alle durch die Ar-Rune geweckt und gefördert werden. Auch das Gleichgewichtsorgan im Ohr ist dieser Rune analog.
8. Adonis, die Gottheit gibt uns die Herrschaft über das Luft-Element in allen drei Reichen von einem erhöhten Standpunkt aus.
9. Wir ziehen die Idee ehrfürchtig aus Akasha heraus, bereichern damit alle drei – vierpolige – Körper, welche mit der Idee der göttlichen Luft-Rune infiziert werden. Diese Kraft der Ar-Rune lässt alle drei Körper mittig ausgleichen, macht sie neutral vom universellen Standpunkt aus, d. h., alle drei Körper werden vierpolig in ihrer Polarität ausgeglichen, mittig und rein.
10. In das blaue Licht, in das Luft-Element, in die Leichtigkeit die wir im Körper spüren (auch sehen können), oder uns vorstellen, im Ballon-Druck, befinden sich alle Ideen, die wir davor angesprochen haben. Dazu kommen noch die spezifischen Charaktereingenschaften, wie wir es im „Das erste kleine Arkanum" bereits eingehend angeführt haben.
11. Man kann noch den Meditations-Satz: Adonis, ich warte auf Dich! in seine Übung einbauen.
12. All diese Ideen verbinden sich, wenn wir die Gottheit geistig durch das Singen der Ar-Rune – dem Buchstaben A – anrufen. Wir werden Eins mit ihr und verbinden uns mit der göttlichen Eigenschaft der All-Weisheit, All-Reinheit usw.
13. Eingeleitet wird dies in der Is-Ausgangs-Stellung (siehe Seite 62) durch eine langsame rhythmische Atmung, indem man dreimal die Schlüsselbein-, Brust- Bauch-Atmung vollbringt, welches sich auf die Verwirklichung und die Verbindung in allen drei Ebenen und Körpern bezieht.
14. Dann: In die Stellung begeben, wie in Marbys „Runenbücherei" angegeben (siehe Seite 66). Gespreizte Beine, Hände in den Hüften oberhalb des Beckenknochens, vier Finger nach vorne, Daumen nach hinten. Beide Beine drücken den sicheren Stand des ausgeglichenen Hermetiker aus, nämlich die Erde und den Himmel, oben wie unten, der beide Schwingungen für den richtigen und wahren Weg gebraucht.

15. Dann Singen des Buchstaben „A" mit bedacht auf die im Körper vorhandenen Ideen, das Bedenken der All-Weisheit usw. Zu Beginn nur ein halbe Minute singen, danach auf eine bis zwei Minuten singen des quabbalistischen Buchstabens steigern, aber nicht übertreiben, denn die Kraft wird enorm. Man wird eine zunehmende Leichtigkeit verspüren, eine Weisheit macht sich kund, und man fühlt sich mittig, rein und ausgeglichen.
16. Danach in die Ausgangsstellung der I-Rune zurückkehren, Arme am Körper herabhängen (siehe Seite 62) und das Luft-Element im Körper beruhen lassen und über dessen Eigenschaften meditieren. Den Satz: „Adonis, ich bin der ich bin" im Geiste wiederholen, dabei an die Verbindung mit der göttlichen Eigenschaft der All-Weisheit oder einer anderen denken, aber mit Inbrunst, voller Hingabe an die Gottheit, so, als ob man sie aus der Unendlichkeit anrufen, ja, zwingen wollte, zu kommen.
17. Dann muss man unbedingt die Rune bzw. das Luft-Prinzip im Körper abklingen lassen, die auftretende Leichtigkeit und Freiheit aus dem Körper ableiten. Dies geschieht so: Nach Beendigung der Übung leite der Runer auf folgende Weise die zu stark zugefluteten Feinkräfte (Elemente) oder durch falsche Gedanken zugeflossenen ungünstigen Wellen ab: In der Stellung der Is-Rune summe man das „A" im hohen Ton, senke dann bis zum tiefsten Ton, wobei man willensbewusst oder imaginativ denkt, dass sich alle seinem Geist, Seele und Körper schädigenden Wellen mit dem im Körper schwingenden Ton verbinden, durch den Körper fließen und beim tiefsten Ton unter der Fußsohle in die Erde abklingen. Man wird eine der Ar-Rune analoge Leichtigkeit unterhalb seiner Füße spüren, wird ein Ausströmen der Luft „wahrnehmen".
18. Hat man all dies getan, soll man sich für die heilige Runenübung noch mit gefalteten Händen in entsprechender Himmelsrichtung verbeugen und bedanken.

P.S. Wenn man sich ein wenig an die Schwingung der Luft gewöhnt hat, wenn man einige Erfahrung gesammelt hat, kann man sich der Himmelsrichtung Süden zuwenden, welche dem Element Luft untersteht. Man wird dabei merken, dass sich die Kraft der Schwingung spezifisch verstärkt. Die Dynamide der Rune bekommt noch mehr Qualität, sie werden immer stärker und stärker …

11. Die Rit-Rune

Die Stellung der Rit-Rune

Das kann ich als Fünftes, kommt feindlichen Flugs
ein Pfeil in die Volksschar geschossen;
Wie hell er auch klirre, ich hemm seine Kraft,
wenn fest ich ins Auge ihn fasse.

1. Bevor und nach Beendigung der Rune Hände falten und vor der Gottheit verbeugen, da es sich bei dieser Rune um den quabbalistischen 7ner Schlüssel handelt. Am besten ist es, jede Rune, wie auch diese, mit einem Glöckchen einzuläuten, was auf den Ur-Ton hindeutet. Dann, nach dem Bekreuzigen und anschließenden Singen des obigen Verses, soll man sagen: „Dies sage ich im Namen des Gottes Ra, des ägyptischen Sonnengottes, der Gottheit der zwei Flügel, der Schwingungen, der Wellen, der Bewegungen und rufe dich damit an."
2. Dann beginnt die eigentliche Meditation über die Analogien der Rit-Rune: Das Rhythmische – die Rit-Rune – ist die bewusste Grundlage aller Religionen. Das Auf und Ab in der gesamten Schöpfung vollzieht sich in unverbrüchlichen Kreisbahnen. Die Rit-Rune ist die harmonische Sinuswelle! Konstruktiv (plus) und destruktiv (minus) = Rit = Gesetzmäßigkeit = Polarität! Durch den Ausgleich über die Rit-Rune kommt man mit den hinter den Chakren stehenden Elemente-Gottheiten in Kontakt und bekommt dessen Fähigkeiten.

3. Alles ist in Bewegung, alles fließt, deshalb sagen die Druiden, dass diese Rune dem raunen, reiten, rasen, rennen untersteht; Runen raunen richtig Rat, die der sieben Räder (Chakren), *Muladhara*, das Wurzelchakra (vier Blätter), *Svadhisthana*, das Sakralchakra (sechs Blätter), das *Manipura,* das Nabelchakra (zehn Blätter), *Anahata*, das Herzchakra (zwölf Blätter), *Vishuddha*, das Halschakra (sechzehn Blätter) und das *Ajnya*, das Stirnchakra. Rota, Rata entspricht Rit = die Räder – unten drehen sie sich nach links, oben drehen sie sich nach rechts = der harmonische Wechsel! Diese Rune verkörpert das Allgesetz, das kosmische Gesetz, die Gerechtigkeit, den Ritter des Rechtes, den Adeligen, den Edlen, das Gerechte, das Ehrliche, das kosmische Recht, das Gericht, den Richtspruch, das göttliche Gesetz, die Rune der Gesetzmäßigkeit, des Weltenritus, das göttliche Ritual, in das man sich einschwingen, einbringen, einstellen muss. Man muss das Persönlich abbauen und das Komische annehmen, die Gesetze anerkennen und anwenden. Sie ist die Rune der Polarität, des Rhythmus, der Ebbe und Flut, Plus-Minus, Yin-Yang, Ida-Pingala, Sonne-Mond, Mann-Weib, links und rechts, Tag-Nacht, hell-dunkel, das Schachbrett, die ewige Bewegung, der Wechsel, das Auf und Ab, passiv-aktiv, elektrisch-magnetisch, Gott-Göttin, Devi-Deva, Isis und Osiris. Deshalb: rollen, reiben, reiten, rasen, welches auf schöpfen hinweist! Rit wurde in Ägypten durch die zwei Tiere auf der Stirnbinde – Geier und Schlange – dargestellt!
4. Die elektromagnetischen Schwingungen der Rit-Rune sind nicht gefährlich, weil man mit den Gottheiten – Isis und Osiris – harmonisch zusammenarbeitet, welche alles regeln. Deshalb treibt die Rit-Rune den Hermetiker zum Ausgleichen an.
5. Alles muss in Ordnung sein, analog sein, alles in Reih und Glied, in allen drei Ebenen muss das so sein. Die Zahl 108 (1+0+8=9), die Zahl des Rhythmus muss in allen Dingen beibehalten werden, sodass es zu einer Verbindung mit dem Weltenrhythmus, mit dem Weltenritus kommt, woraus man Erkenntnis, Kraft und Weisheit und Wissen schöpfen kann. Dann sind die Elemente im Rhythmus.
6. Morgens immer mit dem rechten Fuß aufstehen, den ersten Schritt mit dem rechten tätigen, dadurch verläuft alles rechtskräftig! Immer rechtschaffen sein, immer ordentlich, immer an den

Rhythmus denken – wie die Kinder rhythmisch springen, singen, tanzen!

7. Das Ajna-Chakra besitzt zwei Blätter, Ida und Pingala, und wird bei den Indern als Manas (=Bewusstsein) bezeichnet, also den 6. Sinn, das intuitive Denken, denn diese beiden Götter – Isis und Osiris – erschufen das Sein durch ihre Verbindung, durch die Vereinigung, durch die Wechselwirkung und somit Herrschaft über die fünf niederen Elemente, denn alles ist aus der Polarität und dem Rhythmus entstanden, wie es Franz Bardon im Bild der 1. Tarotkarte aufgezeigt hat. Durch diese Wechselwirkung im Körper und im Kosmos entstand das Leben, die Chakras, die Räder und die Elemente, im Kosmos sogar die sieben Planeten. Das Pentagramm symbolisiert die Herrschaft über die fünf niederen Räder. Unser Blut wird zum kosmischen Blut, deshalb ist es ein ganz besonderer Saft, und besonders dann, wenn man reines Blut hat, ist es edel und ausgeglichen! Dann wirken die elektromagnetischen Kräfte im Menschen rhythmisch. Zum Ausgleichen muss man sich einschwingen in den kosmischen Rhythmus, ablegen jeglichen persönlichen Eigendünkels und die ausgeglichene Gesetzmäßigkeit des Akashas annehmen. Die Rit-Rune ist die Rune des Rhythmus, des Ausgleiches der zwei großen Prinzipien von Plus und Minus. Man muss den Seelenspiegel diesem Prinzip der Gesetzmäßigkeit anpassen; man muss sich in diese Richtung einschwingen, sie annehmen, sie umsetzen und aufnehmen. Dadurch entsteht der wahre Magier!

8. Man ruft die personifiziert Rune in Form von Deva und Devi an, welche in allen drei Körpern vorhanden sind: links – magnetisch – Isis und rechts – elektrisch Osiris. Man zieht (invoziert) diese beiden direkt aus dem Akasha, in den mentalen, astralen und stofflichen Körper; diese allmächtige Kraft heilt, gesundet, baut auf, reguliert, veredelt, vergeistigt, vergöttlicht, unterstellt die Matrizen der gesetzmäßigen Polarität und lässt sie dadurch freier arbeiten; die Rit-Rune macht aus uns den Roten Löwen in seiner gesetzmäßigen Form!

9. Die Rune richtet den Geist, die Seele und den Körper polar kosmisch aus, d. h., dass man polar, ausgeglichen denken, fühlen und handeln muss, dass man sich dem kosmischen Gesetz

unterstellt; dadurch kommt man in Kontakt mit der Harmonie des Akashas, seiner Gottheit, dessen Gefühl man nicht in Worte ausdrücken kann.
10. Man muss alles bewusst in Geist, Seele und Körper machen, tätigen, und alles im Überblick haben, alles ins Auge fassen, alle Gedanken überblicken, alle Elemente ins Lot bringen.
11. Aber es gibt wie immer eine Vorbedingung: Der Seelenspiegel sollte bzw. müsste stehen, man sollte eine Form der sexuellen Reinheit aufweisen, man gleicht sich nämlich anhand der Runen, anhand der Gottheiten aus und wird dadurch göttlich, wenn man das umsetzt, was man die Runen von einem verlangen. Das spürt man förmlich am eigenen Leib. Man wird sozusagen komplett in die Mitte gerückt, zur Seelenarbeit sozusagen „gezwungen"!
12. Die Rit-Rune gleicht die vier analogen Elementeentsprechungen gesetzmäßig aus, denn sie bindet an den quabbalistischen Baum des Lebens, bindet an die kosmischen Gesetze der Götter.
13. Der Rit-Rune unterstehen die Gesetze des Pranayama, der indischen Ida- und Pingala-Atemübungen. Einatmen ist Ida und ausatmen ist Pingala, welche beide wiederum das chinesische Yin und Yang ergeben. Franz Bardon schreibt dazu in der „Evokation", dass der Vorsteher Romasara die wahre Einweihung in diese Form der Atemübung gibt. Denn diese Atem-Übungen deckt sich mit der Rit-Rune, da sämtliche Hatha-Yoga-Übungen auf den Gesetzen der Runen aufgebaut wurden, sowie das chinesische Schattenboxen „Tai Chi" und Qi Chong.
14. Man sollte den gesamten Ablauf eines Tages der Rit-Rune unterstellen, d. h., dass man alles rhythmisch macht, alles harmonisch tätigt, Arbeit im Wechsel mit Ruhe; Rit = Rat, Rad, die ewige Wiederholung im Leben, bis man weiß, was des Rätsels Lösung ist. Rit = Schritt, allem mit Rat und Tat beiseite stehen; rhythmisch atmen besonders bei Nervosität, Ängsten, Aufgeregtheit, Wut, Geiz oder anderen charakterlichen Entgleisungen. Durch dieses rhythmische Verhalten wird man viel schneller ausgeglichen. Denn Rhythmus ist Gleichgewicht, Balance und die magische Mitte.
15. Alles soll in Ordnung gehalten werden, man soll alles gesetzmäßig machen, erschaffen, pünktlich und ordentlich sein in mentalen, astralen ja selbst im grobstofflichen Bereichen. Durch die Rit-Rune

bringt man das Ungleichgewicht der 5 Elemente zum Ausgleich! Die Ausbildung zum Magier hängt mit der Rit-Rune zusammen.
16. Zwischen den Augenbrauen sitzt auch das 6. Chakra. Dort ist die Vereinigung vom IHR und IHM, dort ist der Sitz der beiden Schöpfergottheiten, symbolisiert durch Ida und Pingala, dem elektromagnetischen Fluid. Ida und Pingala sind Synonyme für die Mond- und Sonnenkraft der beiden Augen. Rit – beide Gottheiten sind im sechsten Chakra – wie man im Bild der 1. Tarotkarte sieht, vereint schöpferisch. Sie waren es, welche durch das Wort die niederen fünf Zentren gebaren. Deshalb schreibt Dr. Lomer in seinen „Lehrbriefen", wenn man das untere Licht beherrscht, beginnt das obere zu leuchten.
17. Wer will, kann sich zu dieser Übung den Radetzky-Marsch von Johannes Strauss anhören, welcher ein Runenlied ist, und dieser Übung untersteht.
18. Ferner sind die vier Erzengel alle vierpolig, auch wenn sie nur eine Idee vertreten. Sie entsprechen voll und ganz den vier Elementen, welche sie erschaffen haben:
Äther und Feuer – Michael
Luft – Uriel
Wasser – Raphael
Erde – Gabriel
Sie sind für die Funktionen der Chakras zuständig und halten Makro- und Mikrokosmos im Gleichgewicht. Sie stehen mit der Rit-Rune in analogen Zusammenhang, denn die Räder, die Rata, die Roter sind ihre Wohnstätten, damit sie alles im Einklang halten können. Das Blut verbindet die Zentren untereinander und ist der Sitz der elektromagnetischen Kraft.
19. Die Rit-Rune ist elektrisch und magnetisch, Plus und Minus oder Sonne und Mond. Diese beiden Prinzipien sind schon sehr alt. Die Ur-Sonne, aus der alles entstanden ist, ist viel älter als beide Pole, sie ist schon ewig, bis die Teilung kam. Die Sonne selbst ist viel kräftiger als der Mond. Der Mond stellt den Wechsel zwischen Tag und Nacht, Positiv und Negativ dar, denn ohne den Wechsel zwischen Plus und Minus würde die Sonne verglühen. Das Weibliche ist anziehend, das Männliche ist abstoßend. Passiv und Aktiv erschufen den Sohn, die Erde, durch welche das Dreieck bzw. die Dreifaltigkeit entstanden ist.

20. Wie bekannt ist, unterstehen gewisse Pflanzen der Sonne, genauer genommen dem Sonnen-Ra. Deshalb hat die Sonnenblume ihr Kraft, und die Kamille ihre universelle Wirkung.
21. Der Sitz der beiden Mond- und Sonnen-Gottheiten liegt zwischen den Augen im Stirn-Chakra. Beide vereint in der ersten Tarotkarte. In der 2. sind sie getrennt – Isis und Nephtis. Die Karte untersteht auch der Zwei!
22. Der Rhythmus ist wie der Herzschlag, ein kleiner Ausschlag wird von einem großem abgewechselt. Das Gleiche muss man mit den Tarotkarten machen. Zuerst die kleinen dann die großen, immer im Wechsel. Dieser Rhythmus ist entscheidet.
23. Immer, wie das Zauberlied sagt, alles bewusst ins Auge fassen, immer alles bedacht machen. Bewusst denken, fühlen und handeln! Ist das bewerkstelligt, dann kann es sein, dass die Ur-Vorsteherin Lilitha erscheint, denn ihre ganze Persönlichkeit ist auf die Rit-Rune aufgebaut, auf die Schwingungen, auf die harmonischen Sinus-Wellen. Ihre Gestalt ist unbeschreiblich schön. Sie trägt einen Gürtel, auf dem das Symbol des Gleichgewichtes – der Wage – aufgestickt ist.
24. Am Schluss der Übung soll man den Meditations-Satz: „Die Rit-Rune ist der Ritter des Rechtens, der Ritter der Ehre" einbauen.
25. Bei weiterem Fortschreiten in der Rit-Rune wird das dritte Auge geöffnet; bei den Indern ist das ein roter Punkt zwischen den Augenbrauen. Die Rit-Rune ist das elektromagnetische Fluid, welche die Fähigkeiten des Hellsehens, -hörens und -fühlens hervorruft. Jedes Fluid steht einer anderen Hell-Fähigkeit vor. Dadurch bekommt man bestimmte Intuitionen, Gedanken und Ideen und man kann richtig schöpferisch wirken:

$$\text{Luft} - \text{Wasser} - \text{Feuer} = \text{Hören} - \text{Fühlen} - \text{Sehen}$$
$$=$$
$$A - M - Sch$$
alles ist entstanden.

26. Die Rit-Rune gibt die richtige Richtung zur Gottheit bekannt, die richtigen Gesetze, Einstellungen, sodass sich der Hermetiker nicht mehr verwirrt, verirrt usw.
27. Ist man fertig mit der Meditation, dann begibt man sich in die

Stellung der Is-Rune (siehe Seite 62), ruhig stehen bleiben, und dabei rhythmisch atmen: Langsam bis drei zählen und einatmen: bei 1. Schlüsselbein-, bei 2. Brust- und bei 3. Bauch-Atmung und genauso ausatmen, nur umgekehrt – 1. Bauch, 2. Brust und 3. Schlüsselbein. Alles ruhig, langsam und harmonisch. Dies alles dreimal machen!

28. Hat man durch diese Atmung die drei Ebenen, Körper usw. verbunden (siehe Kummer und Bardon!), nimmt man Rit-Runen-Stellung ein: Auf dem rechten Bein stehen, welches den rechten Sinn bedeutet! Die Rit-Rune bedeutet nämlich auch die Teilung des Urprinzipes, in Isis und Osiris. Deshalb deutet die linke Hand in der Hüfte auf die Teilung zwischen Oben und Unten hin. Die linke Hand kommt wie gesagt in die linke Hüfte, rechte am Körper herabhängen lassen, die rechte Hand berührt den Oberschenkel. Zur Hilfe kann man sich anlehnen.

29. Dann dreimal (später steigernd auf siebenmal, wenn man die nötige Kraft dazu besitzt) die Formel Ra-Re-Ri-Ro-Ru summen. Einmal einatmen und danach Ra, nach dem nochmaligen atmen Re usw. singen. Das „R" soll rollend und lang sein, die Vokale danach auch schön lang und rhythmisch singen, so dass es harmonisch ist. Es muss alles vibrieren! Dabei an die Elemente, an den über allen stehenden Rhythmus denken, der die Beherrschung über die Elemente sichert. Bei

a = an die Luft,

e = an den Äther – siehe Leser-Lasario, welcher dem „e" den Kehlkopf zuweist,

i = an das Feuer,

o = an das Wasser,

u = an die Erde denken.

30. Im weiteren Verlauf soll man sich beim Singen der Formel Ra-Re-Ri-Ro-Ru auf sein Stirnchakra konzentrieren, auf den Punkt zwischen den Augenbrauen; dort herrschen ja die beiden Gottheiten vor, mit den Gedanken der Beherrschung der fünf Elemente bzw. der fünf Chakren. Man soll dabei auch an den über allen stehenden Rhythmus (=Rit), an die Harmonie, Ausgleich usw. denken. Immer an den Punkt zwischen den Augenbrauen konzentrieren, von dort kommt die Intuition! Man muss sich dessen Bewusstwerden, denn die Rit-Rune ist der Schlüssel zur Erkenntnis des kosmischen

Rhythmus!
31. Wenn man bei der Rit-Rune aus Gründen der Kraftlosigkeit nicht mehr stehen kann, kurz unterbrechen, in die Is-Ausgangs-Stellung gehen, die Formel Ra-Re-Ri-Ro-Ru in Gedanken summen, und dann später weiter üben. Die Is-Stellung ist die Empfangsstellung.
32. Nach dem dreimaligen Raunen soll man in der Is-Ausgangs-Stellung stehen bleiben, und die Formel im Geiste wiederholen: Ra-Re-Ri-Ro-Ru, ca. eine Minute mit Inbrunst auf die Beherrschung der fünf Räder usw. Dann kann man sich setzen und über den Rhythmus, die Gesetzmäßigkeit der Polarität meditieren, bis die Schwingung abgeklungen ist. Man soll einige Zeit über diese Form der Rune nachsinnen und sie vor allen Dingen verinnerlichen. Dadurch reichert man diese reine und mächtige Schwingung an, welche für die hermetische Entwicklung von immenser Bedeutung ist.

12. Os-Rune

Die Os-Runen-Stellung

Das weiß ich zum Vierten, und wirft mir der Feind
um Füße und Hände die Fessel,
vom Bein fällt die Bande mir sing ich den Sang,
hinunter die Haft von den Händen.

1. Nach dem Bekreuzigen und Singen des obigen Liedverses soll man sagen: „Dies sage ich in deinem Namen Ostara und rufe dich dadurch an". Dann beginnt die Meditation: Die Os-Rune entspricht den quabbalistischen Buchstaben „O", sie ist die dritte Rune, die dritte Hyroglyphe, gleicht dem Buchstabe Vau, der dem Wasserelement analog ist.
2. Die kreisrunde Form des Mundes beim O-Raunen gleicht dem Brunnen, der Schale, dem Kelch, ist dem weiblichen Schoss gleichzusetzen. Mund = Vagina, Ozean, Offenbarung, Öffnung (Vulva, Geheimnis, Arkanen),
3. Sie ist das Weiblich, Passive, Minus, Negative, All-Liebe, die linke Körperseite, das Magnetische, weibliche Weltseele, vom kleinsten Wassertropfen bis zum größten Weltenmeer, der waagrechte Strich, das Liegende, das Ruhende, das fruchtbare Prinzip, der Frühling, die Freude am Wachsen, das Gedeihen, das Ersprießen, das Gebären, ist dem magnetischem Fluid analog, welches gleichzusetzen ist mit Magnetismus, der Lebenskraft, dem Leben.

Sie ist das Wasser des Lebens. Deshalb belebt sie die drei Matrizen – mental, astral und stofflich!

4. Ostara, Osten, Ostern, Osterfeier, Ostereier, Osterkranz, Lenz, Frühling, Osterhäschen = Fruchtbarkeit (vgl. „rammeln"), schenkt ihren Kindern alles durch die Gunst der Verbindung, erfüllt Wünsche im Wasserelement, gibt Reinheit, man wird durch die Stellung zu ihr, zur Herrin des Wortes O(s), Herrin des Hohen über das Niedere, man entledigt sich dem Sinnlichen, man lehrt den Trieb zu beherrschen, denn das hohe Göttliche regiert immer über das niedere Tierische.

5. Die wässrige Kraft der Fruchtbarkeit der Os-Rune lässt alle drei Körper in der Gesamtheit der Runen an dem Wasser-Element schöpferisch-ausgeglichen teilhaben. Denn das Wasser des Lebens gibt allen Blumen Kraft!

6. Der Kuss der Liebe lässt das Dornröschen erwachen. Diese Rune vermittelt die Erkenntnis der Macht durch die All-Liebe.

7. Sie glättet die Wogen, Os befreit von schlechten Gedanken, weil sie der Harmonie untersteht. So wie Buddha, als er am Flusse saß. Er verglich das Dharma – hermetische Gesetze – mit einem Floß: Wer über einen reißenden Fluss oder gefährlichen See setzen möchte, braucht ein wassertaugliches Gefährt. Für Nichtschwimmer ist es töricht, auf ein Floß zu verzichten. Ist man aber heil ans andere Ufer angelangt, dann hat das Floß seinen Zweck erfüllt. Das bewirkt die Göttin Ostara!

8. Man kann den Meditations-Satz „Ostara, meine Geliebte, du bist die Macht der seelischen Seligkeit!" einfließen lassen; auch „Liebe löst Leid" sowie: *„Die Liebe ist langmütig und freundlich, die Liebe eifert nicht, die Liebe treibt nicht Mutwillen, sie bläht sich nicht auf, sie verhält sich nicht ungehörig, sie sucht nicht das Ihre, sie lässt sich nicht erbittern, sie rechnet das Böse nicht zu, sie freut sich nicht über die Ungerechtigkeit, sie freut sich aber an der Wahrheit; sie erträgt alles, sie glaubt alles, sie hofft alles, sie duldet alles."* (1 Kor. 13, 4-7).

9. Os = das Wasser-Element – , der tetragrammatonische Buchstabe VAU, kalte, kühle, besser gesagt angenehmes, laues Empfinden – nicht unbedingt Kälte, denn es heißt ja, „es wird einem warm ums Herz"! –, zusammenziehend, anziehend, das nasse und kalte

Prinzip, welches erfrischend, erquickend ist; Ostara (Nephtis) herrscht über die Polarität im Seelenspiegel, weil sie eine Krone (bzw. Schale der übergeordneten Göttlichkeit) auf dem Haupte trägt und den Herrscherstab über Oben und Unten in den Händen hält. Deshalb dient die Rune der Beherrschung des Wasser, der Charaktereigenschaften im Seelenspiegel, in den zwei Polaritäten – Plus und Minus – und den Rubriken.

10. Das göttliche Wasser kräftig, stärkt, heilt, baut auf, harmoniert, gleicht aus, bereichert, macht uns Edel, vergeistigt uns, macht aus uns den Stein der Weisen, lässt die Körper mit Fruchtbarkeit anreichern, mit dem Gefühl der All-Liebe wachsen.
11. Ist dem Bauch, dem Wasser im Körper analog, evoziert, zieht an mit Hilfe der Inbrunst, der Psychometrie, der Inspiration, dem venösem Blut, dem Bauchgefühl, der Haut, dem Fühlen, dem Hellfühlen, ist dem Sinn des Gefühles analog, das alles durch diese Rune hervorgerufen, verstärkt, geweckt und gefördert wird.
12. Die Os-Rune untersteht der Venus als Planet der Weiblichkeit, und entspricht dem „M" im AUM, das für das Wassertattwa steht.
13. Wir ziehen die Idee aus Akasha raus: Die Os-Rune wird auf alle drei Körper in allen drei Ebenen angewandt. Sie bewirkt, dass jeder Körper belebt, gestärkt, befruchtet und vergöttlicht wird.
14. In das grüne Licht im Körper, in die Kühle, in das Harmonische, wo alle Idee enthalten sind, werden die spezifischen Eigenschaften wie Liebe, Toleranz usw. hineingesprochen oder gedacht (vgl. „Das erste kl. Arkanum"). Diese verbinden sich beim Singen des O mit der Göttin, mit der All-Liebe usw., und wir werden zur reinsten All-Liebe und nichts steht darüber.
15. Dann die Is-Ausgangs-Stellung einnehmen, dreimal tief und harmonisch einatmen, bis drei zählen und jede Zahl mit Schlüsselbein, Brust oder Bauch identifizieren, dabei an die Verbindung der drei Ebenen und Körper denken.
16. Die Stellung der Os-Rune einnehmen; gespreizte Beine, Hände über den Kopf und Finger ineinander verschränken. (siehe Kummers „Heilige Runenmacht"). In dieser Stellung singen wir den Buchstabens und denken an die analogen Eigenschaften, worüber in den vorherigen Kapiteln alles geschrieben wurde und nur analog übertragen werden braucht.
17. Nach Beendigung des Raunens, die schlechten Eigenschaften,

Gedanken und Empfindungen, die man während des Summens aufgenommen hat, abschütteln und eine Minute die Göttin Ostara anrufen, in dem man dreimal ihren Namen mit Inbrunst innerlich anruft: Ostara – Ostara – Ostara! Dies wird in der Is-Ausgangs-Stellung getätigt.

18. Dann, wie bei den anderen Runen auch, durch Singen des anfänglich hohen Tones, welcher immer tiefer wird, die gesamte Strahlung in den Boden ableiten.

13. Ur-Rune

Die Ur-Runen-Stellung.
Zur Unterstützung kann man die Arme auf einen Hocker,
Stuhl oder ein niederes Tischchen stellen.

Ein Anderes nenn ich, das allen ist not,
die amten als heilende Ärzte;
Erkenne dich selbst, dann erkennst du die Welt,
lernst Übel von Ursache scheiden.

1. Nach dem Bekreuzigen und Singen des obigen Liedverses aus dem Havamal soll man sagen: „Dies sage ich in deinem Namen – Urda und rufe dich dadurch an", um eine bessere Verbindung zu gewährleisten.
2. Dann beginnt die Meditation über das Erd-Element, welches folgende Eigenschaften hat: schwer, Farbe braun, dicht, träge, fest, gebunden, trocken und kalt. Man praktiziert die vierte Rune, die vierte Hyroglyphe, die Rune Ur, den Buchstaben „U", welche die Gottheiten Urda, Umabel und Urgaya vertreten, die durch Singen am Brunnen Mimir den Ur-Knall hervorriefen. Weiters entspricht die Ur-Rune dem zweiten HE, ist dem Element Erde analog, dem Bewusstsein, dem bewusst denken, fühlen und handeln. Ist die Erstarrung, das Schwere, das Harte, Das Feste, sie ist Uralt, Uranfang, Urzeit, Urraum, Urkraft, Urstoff, Ur-Elemente, Urwissen, Urweisheit, Urgesetz, Wurzel-Urzel-Mulhadhara, der tiefste Punkt im Menschen, die Erde, Ursprung, Urkunde, Ursache, Urdasein, Ursein, Ur-Grund, Ur-Boden, Entwicklung im Ur, im Erd-Element, das Körperhafte, der Rahmen, die Grenze, der Stoff,

die Begrenzung, die Form, die Gestalt, die Grenzen; Raum, Maß, Zahl und Gewicht, wie es Bardon im „Adepten" sagt. Ur – die Vollendung des geistigen Gottes in der Erde, esoterisch ausgedrückt: Von der Verstofflichung des Geistes zur Vergeistigung des Stoffes!
3. In der Mythologie entspricht die Ehe Wodans mit Frigga auch der Jord = die Erde, dem passiven Elektromagnetismus. Sie ist sozusagen ein Kind himmlischer Kräfte. Die Erde, der Fruchtboden also und der damit notwendig werdende Ackerbau, das sind die Grundbedingungen aller körperlichen, seelischen und geistigen Werdens!
4. Die Rune ist eine der drei Nornen – Urda – der Frauen, die das Schicksal spinnen. Deswegen steht man beim Runen-Raunen über dem Schicksal und kann mit der Zeit selber das Netz spinnen.
5. Sie – Urda – ist die Gottmutter, Ur-Mutter, die Mutter Erde, Uterus, die Tiefe im Menschen; Uranus – die Höhe der kosmischen Sprache. Sie ist die Herrin des Wortes, der Runen und Tantras, sie ist der Ur-Knall, den sie hervorrief, das Ur-Wort, Ur-Formel, Ur-Ton, Ur-Laut, Ur-Quabbalah, Ur-Runen, Ur-Arkanum – das Fiat Lux.
6. Die Ur-Rune macht alle Körper und Elemente quadratisch, das ist ihre Form, vgl. das Wurzelchakra; gleicht alle und alles harmonisch aus und stabilisiert sämtliche Körper und macht durch ihre Festigkeit alles „hart" und unverwüstlich. Das Gleichgewicht wird besiegelt und steht ewig!
7. Wenn man einige Zeit alle diese Runen gegen Norden gerichtet praktiziert hat, soll man selbige gegen die jeweiligen entsprechenden Himmelsrichtungen raunen:
    Feuer – Is – Osten
    Luft – Ar – Süden
    Ausgleich – Rit – Norden
    Wasser – Os – Westen
    Erde – Ur – Norden.
Die Ur-Rune sollte man deshalb nach Norden machen, da ihre elektro-magnetische Gesetzmäßig dieser Himmelsrichtung am meisten entspricht.
8. Die Ur-Rune bildet den Abschluss, deshalb, weil sie die drei vorherigen Runen zur Form bringt; die Erde hält alle drei anderen

Elemente zusammen und besteht aus den drei Elementen Feuer – Luft – Wasser, bzw. weil sie alles geistig-seelisch-körperliche stabilisiert, fest und beständig macht, so wie es ihre Eigenschaften bedingen. Durch die Ur-Rune werden die vier Grundeigenschaften heiß – leicht – nass und trocken gefestigt. Die vier Elemente bekommen eine stabile Form. Dadurch, wie man auch im zweiten und dritten kleinen Arkanum sehen kann, kann der Hermetiker nicht mehr fallen, da die drei Körper sowie die drei Matrizen hart und beständig wie Stahl geworden sind. Dies hängt mit der vierten Tarot-Karte zusammen, da die Elemente von den vier Schöpfergottheiten abhängig sind.

9. Urda ist die älteste Gottheit der drei Nornen und unendlich gütig. Man kann sie gut mit der Schildkröte aus dem Buch „Die unendliche Geschichte" vergleichen, die so alte ist wie die Zeit selbst und deshalb über alles Wissen und Weisheit verfügt.
10. Der Meditations-Satz lautet: Göttin Urda, ich bitte Dich um die drei Bereiche der Standhaftigkeit, der Festigkeit und der Unsterblichkeit.
11. Uhr-Ur-Zeit = hängt mit der Ur-Rune zusammen, mit der Ur-Mutter, welche die Zeit erschuf durch die Verdichtung des Erd-Elementes; ohne sie gäbe es keine Existenz.

    Richtig – Denken – Geist
    Richtig – Fühlen – Seele
    Richtig – Handeln – Körper

alles mit dem Wollen – der Gottheit – richtig einsetzen – ergibt wiederum die vier Elemente!

12. Ur-Rune: Deutet auf die Kohäsionskraft der 4 (5) Sinne hin:
Wille – sehen – Feuer – Isis
Verstand – hören – Luft – Adonis
Liebe – fühlen – Wasser – Ostara
Bewusstsein – riechen/schmecken – Erde – Urda
13. Der Charakter sollte rein sein, in Richtung Gleichgewicht, darum ist die Erde als Festigung so wichtig! Erst dann kann die Gottheit eintreten, wenn der Tempel, die VIER Säulen standhaft und fest stehen!
14. Durch die Zusammenhangskraft muss man sich seiner
    4 (5) Sinne,
    seiner vier Temperamente,

und der 4 Elemente bewusst sein.
15. Urda steht für Worthalten, ein Versprechen halten. Man soll galant sein, wie die Götter und als Vorbild dienen.
16. Ur-Rune ist die Körper-Rune, das Erdelement, bestehend aus Knochen, Muskeln, Zähnen, Fleisch usw. und enthält Feuer, Wasser, Luft und Erde. Man kann alle greifen, begreifen, erkennen, sich alles bewusstwerden, hängt deswegen mit dem Bewusstsein zusammen; mit der Sinnesübung riechen und schmecken, sowie mit den beiden Hellsinnen, welche durch die Rune verstärkt, gefördert und geweckt werden.
17. Dann sagen: Wir ziehen die Idee aus Akasha heraus, reichen die Ur-Rune im mental, astral und grobstofflichen Körper an. Die Schwingung der Rune bewirkt, dass jeder Körper seiner Ebene gemäß in seinem polaren Vierpoligkeit quadratisch ausgeglichen und stabilisiert wird. Er wird unzerstörbar.
18. Dann auf die Schwere Bezug nehmen, auf das braune Licht, auf die Stabilität, dass sich alle Ideen, die wir davor ausgesprochen haben, mit dem Erdelement vereinigt sind. Dazu kommen noch die spezifischen Eigenschafen des Seelenspiegels. Dann wird die Gottheit angerufen, ihre göttliche Eigenschaft wird erwähnt und verinnerlicht. (siehe „Das erste kleine Arkanum"). Die Satzwahl ist individuell.
19. Die Stellung der Is-Ausgangs-Rune einnehmen, drei mal rhythmisch atmen, die drei Ebenen verbinden, beherrschen usw. (siehe oben).
20. Danach die Stellung der Ur-Rune einnehmen, wie sie Marby beschrieb. In die Knie gehen, Kontakt zur Erde, Oberkörper nach vorne beugen, parallel zum Boden, Hände und Arme ebenfalls nach vorne strecken.
21. Dann den Buchstaben „U" summen, zu Beginn 30 Sekunden, später – bei einiger Erfahrung mit der Rune – auf 1-2 Minuten ausdehnen, wie bei allen Elemente-Runen. Dabei an all das Geschriebene denken.
22. Nach der Übung aufstehen, Is-Ausgangs-Stellung einnehmen, und nur an Urgaya denken, immer seinen Namen wiederholen, denn er ist der krönende Abschluss!
23. Dann die Schwingung aus dem Körper in den Boden ableiten, wie oben beschrieben. Abschließend sich verbeugen, mit gefalteten

Händen, und den Satz: „Dies sage ich in deinem Namen JHVH, sein rein – AUM" zur Verehrung sagen. – Die Runen-Übungen sind vollbracht!

*

Im Anhang zur 3. Stufe im „Adepten" schreibt Franz Bardon noch über die Wirkung der Elemente-Übungen, wobei ich bemerken möchte, dass dies alles noch im erhöhten Maße bei den Runen der Fall ist: *„Ist der gewissenhaft übende Schüler in der magischen Entwicklung bis hierher gekommen, so kann er bereits eine allgemeine Umformung seines Wesens beobachten. Seine magischen Fähigkeiten werden sich in allen Sphären steigern. In der MENTAL-Sphäre wird er stärkeren Willen, größere Widerstandsfähigkeit, besseres Gedächtnis und schärfere Beobachtungsgabe sowie klaren Verstand erreicht haben. In der ASTRAL-Sphäre wird er wahrnehmen, dass er ruhiger, ausgeglichener geworden ist, und je nach Veranlagung werden sich die in ihm schlummernden Fähigkeiten entfalten. In der GROBSTOFFLICHEN Welt wird er die Beobachtung machen, dass er gesünder, frischer und verjüngter geworden ist. Seine Lebenskraft wird über viele Mitmenschen weit hinausgehen, und im praktischen Leben wird er durch seine Strahlkraft viel erreichen."*

14. Die Kurzform der Runenübung
H.S.

Wenn man alle obigen Punkte verinnerlicht, kann das durchaus bis zu 45 Minuten oder sogar länger dauern. Noch dazu kostet die Übung Kraft und höchste Konzentration, die manch einer nach einem harten Arbeitstag nicht aufbringen kann. Deswegen gibt es auch eine Kurzform der Runenübung, die man anstelle der vorhergehenden tätigt, sobald man den Sachverhalt der Runenaspekte verinnerlicht hat. Es kommt dabei nur auf die Umsetzung der Idee an:

- Gegen Osten: Is-Rune: Einstellung auf die vorstehende Gottheit Isis, das Schöpferische, feurige Prinzip/Element. Stellung: Aufrecht stehend, Fersen zusammen, Arme in die Luft. An „Iiiii" denken oder singen, so lange man die Stimme halten kann; Arme herunter, und die Hitze ausklingen lassen mit Dank an die Gottheit.
- Gegen Süden: Ar-Rune: Gott Adonis, Neutralität, Luft-Element, Ausgleich, Leichtigkeit. Stellung: Beine gespreizt, Arme in den Hüften, siehe Marby, Daumen nach hinten, Finger nach vorne, und AAaaaaa denken, ausklingen und Dank. (Siehe oben).
- Gegen Norden die Rit-Rune: Einstellung auf Rhythmik, Harmonie und Ordnung der fünf Elemente; Bezug zur Sonnengottheit Ra aufbauen; dann einmal Denken oder Singen der Formel Ra-Re-Ri-Ro-Ru; nach Beendigung ausklingen lassen wie bei allen Runen.
- Gegen Westen: Os-Rune: Gott Ostara, Wasserelement, Fruchtbarkeit, Wasser des Lebens, angenehme Kühle. Stellung wie Kummer die Os-Rune beschreibt (siehe oben). Beine spreizen, Hände über den Kopf verschränken. Denken: Ooooo.
- Gegen Norden: Ur-Rune: Göttin Urda, Erdelement, Festigkeit, schwer, dicht, Verwirklichung, Abschluss: Stellung wie Kummer oder Bardon sie angibt: Denken: Uuuuu:

15. Die magische Stirnbinde
Hohenstätten

Das Pentagramm, welches S. A. Kummer in seinem Buch „Heilige Runenmacht" bei der Rit-Rune als Analogie anführt, deutet auf die Beherrschung der fünf Elemente hin. Wenn man dies alles berücksichtigt, sein Leben nach den göttlichen Gesetzen der Runen, des Wortes, auslegt, kann man sogar noch weiter gehen. Nachdem man eine gewisse Fertigkeit in der Runenübung erlangt hat, kann man sich eine Stirnbinde anfertigen, mit einem aus Papier oder Karton aufrecht stehenden Pentagramm, in dessen fünf Spitzen: Ra-Re-Ri-Ro-Ru im Uhrzeigersinn eingetragen werden. Anschließend kommt ein Kamillenkondensator darauf, wie in Franz Bardon im „Adepten" 8. Stufe erwähnt. Dann wird die Formel Ra-Re-Ri-Ro-Ru rhythmisch gesprochen, darauf-ge-raunt, daraufgesungen mit seinen analogen Entsprechungen und man wird sehen, dass die Wirkung eine enorme ist bei der Beherrschung der fünf Sinnes- sowie bei den Gedankenübungen. Siebenmal soll man die Formel sprechen, kann aber später wiederholt bzw. verstärkt werden. Man schwingt im kosmischen Rhythmus mit und dieser bestimmt die Entwicklung! Die Gedanken werden dadurch rhythmischer, harmonischer und die Übung gelingt etwas leichter, besser.

Des Weiteren kann man während der Runen-Übungen die Stirnbinde benützen, um gesetzmäßigere Gedanken zu bekommen, ausgeglichener zu denken, was wiederum auf den Erfolg, auf das Vertiefen der Runen zurückzuführen wäre.

16. I-A-O-U
Hohenstätten

Nur wenn man ein wenig Erfolg mit den Runen hat, wenn man es geschafft hat, mit den Eigenschaften der Elemente, den Gottheiten der Runen in Kontakt zu kommen, sprich, man heiß, leicht, kalt und schwer wird, dann ist man in der Lage, mit den Buchstaben, mit den Raunen der Runen, zu arbeiten. Ich bin der lebende Zeuge dieser Praktik, weshalb ich sie hier auch beschreibe. Franz Bardon schreibt in seinem Grundlagenwerk „Der Weg zum wahren Adepten" in der 4. Stufe, dass wenn der Hermetiker sich unwohl fühlt, disharmonisch ist, nervös und sonst ein ungutes Gefühl hat, kann er durch Stauen der Elemente in den spezifischen vier Körperregionen – Kopf – Brust – Bauch – und Beine (oder den ganzen Körper) – eine Harmonie herbeiführen, die sich mehr als positiv auswirkt. Doch dass dies auch mit Hilfe des Runenrauens möglich ist, darauf musste mich erst Ariane hinweisen. Ich probierte es mit Erfolg aus. Den Elementen analog muss man die Runen singen:

- I – im Kopf
- A – in der Brust
- O – im Bauch
- U – in den Beinen

Ich konzentrierte mich kurz auf die Elemente-Eigenschaften und die analogen Gottheiten, summte die Buchstaben in den Regionen, indem ich mein Bewusstsein leicht in das entsprechende Gebiet versetzte, und eine halbe Minute später spürte ich ein harmonisches Gefühl, welches sich wohltuend auf den gesamten Körper auswirkte. Man arbeitet nämlich schöpferisch mit den Gesetzen des JHVH. Dies kann man auch machen, wenn

- man einen falschen Gedanken gesetzt hat,
- einen Wutanfall hatte, den man schwer losbekommt,
- ein zerstörerisches Gefühl hat,
- etwas ausgleichen will,
- oder etwas ändern will im Seelenspiegel usw.

Die wahre und heilige Runenmagie hat soviel Vorteile, hat so viele Vorzüge, dass ich immer noch vor Freude weinen könnte, denn ich hatte nach 30 Jahren Misserfolg nach kürzester Zeit einen durchschlagenden

Erfolg, welcher sich in allen drei Bereichen des persönlichen Lebens manifestierte.

Doch es geht noch weiter. Ist man depressiv, niedergeschlagen, soll man die Rune – A – singen, und man wird *leicht*, will man sich erfrischen, die Rune – O –, bei Nervosität das U usw. Der Hermetiker wird auf weitere Zusammenhänge von selbst kommen. Oder man kann das – I – Summen bei Problemen mit der Gedankenbeherrschung und Siegessicherheit einfließen lassen, und man wird vom Ergebnis mehr als überrascht sein!

Man kann alle Methoden anwenden, die Franz Bardon in seinem „Adepten" in Bezug auf die Seelenschulung erwähnte. Man wird begeistert sein! Zum Beispiel kann man vor der Übung eine Tasse Wasser oder etwas ähnliches mit der Is-Rune und ihrer Unbesiegbarkeit laden, in dem man den I-Buchstaben in das Wasser hineinraunt; oder man kann zur Beherrschung der Sinnesübungen die entsprechenden Runen anwenden. Der Erfolg wird den Hermetiker von meinen Worten überzeugen.

17. Weitere Hilfen
H.S.

Es ist kein Wunder, warum das Wort in der Freimaurerei verloren gegangen ist, wenn man bedenkt, dass man durch die reine Runenmagie und ihre Analogien sogar schon als Anfänger gewisse Macht in den Händen gelegt bekommt. Wenn erst richtig die Gottverbundenheit erreicht wird, dann stehen einem Runer unendlich viele Möglichkeiten zur Verfügung, die mehr als sagenhaft sind. Als Anfänger kann man zum Beispiel mit der
- Yr-Runen-Geste der linken Hand zu Boden zeigen und Adonay sprechen, dann wird jeder schlechte Einfluss abgeleitet und man fühlt sich wieder wohl und frei.
- Oder mit der rechten Hand die Man-Rune machen und dabei Adonay sagen; vertreibt ebenfalls üble Einflüsse!
- Die Tantra-Formeln: Lam – Vam – Pam – Ram – Ham summen, beruhigt Geist und Seele und kräftig sehr.
- Das „A" in der Tonleiter hoch und tief summen, lässt den Atem freier werden, man bekommt mehr Luft usw. usw.

Man kann sogar jeden charakterlichen Wunsch in der entsprechenden Runen einfügen – als Bitte – und mithilfe der göttlichen Schwingungen schneller einen Ausgleich erzielen.

18. Zur Gedankenkontrolle
Hohenstätten

Wer Probleme mit seiner Gedankenbeherrschung hat, wer sich nicht im Zaum halten kann, kann beim Raunen der Runen folgende Meditationen anwenden. Bei der
- Is-Rune = die Unbesiegbarkeit; vorstellen von Schild und Schwert, wie bei Erzengel Michael.
- Ar-Rune = absolute freie Weisheit, die so rein ist, wie Akasha selbst.
- Rit-Rune = Ritter des Rechts, der für einen auf Leben und Tod kämpft; selbiger kastriert die Leidenschaften, nimmt ihnen die Ehre, Kraft, den Elan usw.
- Os-Rune = absolute göttliche Liebe, die durch ihre Kraft und Gewalt nicht zu bezwingen ist.
- Ur-Rune = diamantene, stählerne Festigkeit der göttlichen Erde, Stabilität, Sicherheit usw.

Bezieht man dergleichen Gedanken mit ein, wird einem unweigerlich geholfen, denn die Götter lassen keinen im Stich, der sich redlich bemüht, weise zu werden!

Des Weiteren hilft folgende Atemübung: Locker machen, rhythmisch Atmen, denn der Rhythmus ist der Ausgleich! Man soll bis drei zählen und dabei atmen:

    Bei eins mit dem Schlüsselbein beginnen,

    bei zwei mit der Brust,

    und bei drei zum Schluss mit dem Bauch atmen.

Ausatmen in umgekehrter Reihenfolge. So lange machen, bis man merkt, dass ein harmonisch-wohltuender Einfluss verspürbar ist.

19. Runenerfahrungen in der Is-Stellung
M. Weder

Übungszeit nach 18:00 Uhr; Übungsort im Haus, im Zimmer; Übungszweck zur Kräftigung und Heilung des Körpers, Befreiung von Schlacken, Befreiung von seelischen Hemmungen, Stärkung des Ich-Bewusstseins, allseitige Verjüngung.

Liebe Leserin, Lieber Leser, hier nun lege ich meine Erfahrungen und Erlebnisse offen. Ich begann mit der Runen Is-Stellung am 05.08.2016. Grundvoraussetzung ist das Studium der Marby „Runenbücherei" Band 1-8 und die Philosophie von Franz Bardon. In der Runenbücherei erfährt man alles Wissenswerte über die Runenstellungen und auch über die Is-Stellung. Ich stelle die Is-Rune, Gesicht nach Norden, fange langsam an durch den Mund auszuatmen, dabei zähle ich bis drei, und beim Einatmen durch die Nase zähle ich ebenfalls bis drei. Dieser Rhythmus sagt mir am besten zu, denn ich atme ohne Zwang. Hier muss der Leser selber ausprobieren, was zu ihm am besten zusagt. Weitere Tipps kann man in der Marby „Runenbücherei" nachlesen. Langsam fängt man an, erst eine Minute zu üben und je nach Empfinden wird die Übung ausgedehnt. Nach einigen Minuten trat bei mir ein Wohlempfinden sowie warme Füße auf. Die weiteren Erfahrungen habe ich in Form eines Tagebuches festgehalten.

- Donnerstag 04.08.16: Heute übe ich zum ersten Mal die Is-Runenstellung. Ich muss mich erstmals an den Atemrhythmus gewöhnen; Dauer der Is-Stellung eine Minute. Anschließend nach ca. einer halben Stunde habe ich warme Füße und ein Wohlbefinden; die Traumwelt ist normal.
- Freitag 05.08.16: Heute übe ich weiter die Is-Runenstellung. Habe heute den ganzen Tag leichte Kopfschmerzen. Ich fange wieder nach 18:00 Uhr an, komme heute viel besser klar mit der Atmung; Dauer der Is-Stellung eine Minute. Nach einer Stunde Besserung der leichten Kopfschmerzen; ich habe sehr warme Füße.
- Sonnabend 06.08.16: Ich übe wieder die Is-Stellung; heute habe ich keine Beschwerden. Übungsdauer der Is-Runenstellung eine Minute. Atmung klappt wunderbar. Ein leichtes Wohlbefinden stellt sich ein. Sonst ist nichts Außergewöhnliches festzustellen.
- Sonntag 07.08.16: Heute hatte ich einen genialen Traum. Ich

träumte von einen super Computer, den es noch nicht gibt, und ich sah lauter elektronische Schaltkreise, einfach wunderbar. Wahrscheinlich verstärkt die Is-Stellung die Traumwelt. Nach dem Üben ein Gefühl des Wohlfühlens.

- Montag 08.08.16: Ich übe wieder die Is-Runenstellung und mit der Atmung klappt sehr gut. Heute war nichts besonderes festzustellen, nur warme Füße.
- Dienstag 09.08.16: Ich dehne heute die Is-Runenstellung auf zwei Minuten aus; Atmung wie gehabt. Nach der Is-Stellung habe ich warme Füße und es stellt sich ein Wohlgefühl ein und der Körper ist ganz ruhig.
- Mittwoch 10.08.16: Heute Nacht habe ich sehr unruhig geschlafen, das Befinden über den Tag ist sehr gut. Abends bricht mir beim Abendbrot die Plombe des Backenzahn links ab. Habe keine Schmerzen, praktiziere trotzdem die Is-Stellung. Nach der Übung habe ich wie immer warme Füße und ein Wohlempfinden.
- Donnerstag 11.08.16: Ich habe sehr gut geschlafen. Heute Extraktion des linken Backenzahnes. Werde heute keine Is-Stellung üben.
- Freitag 12.08.16: Ich habe heute keine Is-Stellung geübt.
- Sonnabend 13.08.16: Ich stelle heute wieder die Is-Stellung, habe heute kein Wohlempfinden. Fühle heute nichts besonderes.
- Sonntag 14.08.16: Heute Früh leichte Kopfschmerzen, die sich Mittag gelegt haben, stelle wieder die Is-Stellung, habe wieder warme Füße, sonst ist alles normal.
- Montag 15.08.16: Ich stelle heute Abend wieder die Is-Stellung, danach habe ich wie immer warme Füße und ich fühle mich gut und frisch.
- Dienstag 16.08.16: Es wird die Is-Stellung gestellt, es stellen sich warme Füße und gut durchblutende Beine ein. Ich fühle mich gut und frisch.
- Mittwoch 17.08.16: Auch heute wird die Is-Stellung gestellt, ich fühle mich gut.
- Donnerstag 18.08.16: Ich übe wie immer die Is-Stellung, alles ist normal.
- Freitag 19.08.16: Heute habe ich keine Is-Stellung gestellt.

- Sonnabend 20.08.16: Ich habe heute wieder die Is-Stellung gestellt, alles ist normal; ich habe keine Besonderheiten entdeckt.
- Sonntag 21.08.16: Stellung heute gestellt; keine besonderen Ereignisse.
- Machte eine kleine Pause.
- Montag 22.08.16: Stellung wird geübt, nichts weiter festzustellen.

Vom 23.08.16 bis 30.08.16 konnte ich wegen Umzug keine Is-Stellung üben.

- Mittwoch 31.08.16: Heute übe ich wieder die Is-Stellung, aber im Sitzen und 7 Minuten lang. Marby gibt mehrere Stellungen des kleinen Arkanums an. Es ist eine körperliche Ruhe danach festzustellen.
- Donnerstag 01.09.16: Heute Probleme: Unwohlsein, Probleme mit Magen, keine Übung durchgeführt.
- Freitag 02.9.16: Weitere gesundheitliche Probleme; keine Übung durchgeführt.
- Sonnabend 03.09.16: Weitere gesundheitliche Probleme, Stress durch Umzug. Keine Übungen durchgeführt.
- Sonntag 04.09.16: Breche die Runenübungen, ab weil die gesundheitlichen Probleme nicht Aufhören.
- Am 20.10.16 fange ich wieder mit der Runen Is-Stellung an. Donnerstag – Übungsort: im Zimmer – Übungszeit: nach 18:00 Uhr. Ich übe wie oben beschrieben, langsam fange ich an. Nach der Übung fühle ich mich sehr wohl.
- Freitag 21.10.16: Ich fühle mich nach dem Üben sehr wohl.
- Sonnabend 22.10.16: Ich übe die Is-Stellung drei Minuten. Fühle mich danach sehr wohl, keine besonderen Traumerlebnisse.
- Sonntag 23.10.2016: Ich übe jetzt vier Minuten. Danach fühle ich mich sehr wohl.
- Montag 24.10.2016: Fühle mich nach dem Üben sehr wohl und ich habe mehr Energie.
- Dienstag 25.10.2016: Nach dem Üben fühle ich mich frisch.
- Mittwoch 26.10.2016: Alles wie gehabt.
- Donnerstag 27.10.2016: Es ist alles wie vorher.
- Freitag 28.10.2016: Ich habe mehr Energie.
- Sonnabend 29.10.2016: Alles wie gehabt.

- Sonntag 30.10.2016: Heute habe ich nichts besonderes Erlebt.
- Montag 31.10.2016: Fühle mich nach dem Üben der Is-Rune angenehm wohl.
- Dienstag 01.11.2016: Stellung der Is-Rune bewirkte heute ein leicht schwindliges Gefühl.
- Mittwoch 02.11.2016: Heute hat sich nichts besonderes ereignet.
- Donnerstag 03.11.2016: Heute ist das Üben mir etwas schwergefallen, aber sonst ist alles in Ordnung.
- Freitag 04.11.2016: Auch heute fällt das Üben mir etwas schwer, hatte aber abends bedeutend mehr Energie als sonst.
- Sonnabend 05.11.2016: Weiter fällt das Üben etwas schwer, aber nachher fühle ich mich wohl.
- Sonntag 06.11.2016: Hatte heute einige Probleme in der grobstofflichen Welt – war depressiv. Nach dem Stellen der Is-Rune lösten sich die Probleme auf.

Sehr geehrter Leser, ich fasse den Bericht hier ein bisschen zusammen damit er nicht zu langweilig wird. Bis zum Sonnabend den 17.12.16 übte ich nur die Is-Runen-Stellung ohne das Singen der Is-Rune. Ab dem 17. übte ich die Runenstellung mit dem Singen des Buchstaben „I". Ich gehe da genauso vor, wie es Marby in der „Runenbücherei" erläutert hat. Es wird die Is-Rune gestellt, Körperform im Stand der militärischen Grundstellung, drei Minuten lang, zwei Minuten lang Körperform im Stand. Marby Runenbücherei Band 5/6 Seite 147. Ich stelle die Übung so um 8:30 Uhr früh. Ich übte die Is-Stellung vom 17.12. bis 04.01.2017.

- 04.01.16 Mittwoch: Heute Is-Stellung geübt. Hatte danach leichte Kopfschmerzen, und ein Äderchen im Auge ist geplatzt. Ich habe den Alltag etwas ruhiger angehen lassen. Heute keine Übung mehr durchgeführt.
- 05.01.2017 Donnerstag: Is-Stellung geübt, 8:30 Uhr. Fühle mich noch wie gerädert, habe den Alltag wieder etwas ruhiger angehen lassen.
- 06.01.2017 Freitag: Is-Stellung geübt, 8:30 Uhr. fühle mich schlecht, habe Kopfschmerzen und Gliederschmerzen, fühle mich wie gerädert und ich habe keine Energie.
- 07.01.2017 Sonnabend: Trotz schlechten Befindens übe ich die Is-Runenstellung wie oben beschrieben. Kopfschmerzen sind weg, aber Gliederschmerzen sind noch vorhanden.

- 08.01.2017 Sonntag: Befinden ist besser geworden; es fehlt mir noch der Elan. Ich übe trotzdem die Is-Stellung.
- 09.01.2017 Montag: Befinden geht und ich übe die Is-Stellung um 8:30 Uhr.
- 10.01.2017 Dienstag: Es geht mir wieder gut und ich stelle die Is-Rune um 8:30 Uhr.
- 11.01.2017 Mittwoch: Ich übe heute wieder die Is-Stellung um 8:30 Uhr; befinden ist gut.
- 12.01.2017 Donnerstag: Es geht mir wieder sehr gut und ich übe wie am Mittwoch; habe wieder Kraft und ich kann wieder Schneeschieben.
- 13.01.2017 Freitag: Ich übe die Is-Stellung. Befinden ist Top!
- 14.01.2017 Sonnabend: Ich stelle die Is-Stellung noch mal, weil ich mir am Freitag den Knöchel verstaucht habe. Gehe wie folgt vor: Stelle die Is-Rune und singe das „I" und ich sende die Is-Runen-Kräfte in den verstauchten Knöchel. Fühle eine Besserung der Beschwerden!
- 15.01.2017 Sonntag: Die Schmerzen im Knöchel sind morgens wie weggeblasen und ich übe wieder früh der Is-Stellung.
- 16.01.2017 Montag: Übe wie oben beschrieben mir geht es sehr gut.
- 17.01.2017 Dienstag: Es ist alles beim Alten.
- 18.01.2017 Mittwoch: Ich übe die Is-Stellung.
- 19.01.2017 Donnerstag: Ich übe die Is-Stellung, wie gehabt.
- 20.01.2017 Freitag: Heute fühle ich mich nicht so gut; sende die Is-Runen-Schwingungen in den Körper, um Kraft zu gewinnen.
- 21.01.2017 Sonnabend: Ich übe die Is-Rune morgens und abends; das Befinden bessert sich bedeutend.
- 22.01-29.01 2017: Befinden ist wieder sehr gut; ich übte die Is-Runenstellung früh Morgens.
- 30.01.2017 Montag: Heute übe ich die Is-Rune wie gehabt; das Befinden ist Top.
- 31.01.2017 Dienstag: Stellen der Is-Rune; 20:15 Uhr; habe leichtes Aufstoßen des Magens. Sende die Is-Rune in den Magen und ich singe „I" in den Tonlagen tief bis hoch.
- 01.02.2017 Mittwoch: Stellen der Is-Rune dreimal morgens,

nachmittags und abends einmal nach 18:00 Uhr, senden der Is-Runen-Kräfte in den Magen. Lage ändert sich bedeutend. Kein Aufstoßen mehr.
- 02.02.2017 Donnerstag: Befinden des Magens ist bedeutend besser geworden, ich stelle die Is-Rune früh um 8:30 Uhr und abends 20:35 Uhr. Fühle mich sehr wohl.
- 03.02.2017 Freitag: Befinden ist Top, ich übe morgens und abends.

So, lieber Leser, ich möchte den Runenbericht erst einmal beenden. Seit ich die Runen und vor allem die Is-Stellung übe, geht es mir gesundheitlich bedeutend besser als zuvor. Früher konnte ich nicht viel unternehmen, ich war immer sehr müde und ich fühlte mich körperlich ausgelaugt, ich hatte nur geringen Tatendrang. Das alles ist jetzt wie weggeblasen. Natürlich ist das nur der Anfang der Runenerfahrung und ich werde die Runenerfahrungen noch weiter ausdehnen, um noch mehr Erkenntnis zu bekommen.

M. Weder

20. Das hoch-heilige Runenkreuz
H.S.

Vom Runenkreuz wird teilweise in den Schriften von S. A. Kummer und in den Aufzeichnungen des „Golden Dawn" gesprochen. Doch es gibt noch mehr Anwendungen, als in den beiden Werken aufgezeigt wurde. Hier nun die Praxis:
Lege dich abends kurz vor dem Schlafen ins Bett und nimm die Stellung eines Kreuzes ein, Arme werden links und rechts ausgestreckt, Füße parallel legen und ebenfalls ausstrecken. Das ergibt folgendes Runen-Kreuz:

Ar
Fa + Eh
Ur

Oder:
- oben Ar (Luft)
- unten Ur (Erde)
- rechts Fa (Feuer)
- links Eh (Wasser)

Es besteht die Möglichkeit, dieses Kreuz zur Unterstützung bei der Abendkritik einzunehmen, man unterwirft sich dadurch den Gesetzen des Lebensbaums, den Gesetzen des JHVH, welcher die Gottheit und den universellen Rhythmus darstellt. Deshalb verwirklicht sich jegliche Übung schneller, wenn man sich dem kosmischen Rhythmus angleicht. Ehrfürchtig liegt man sich auf den Rücken (oder Bauch), breitet die Arme aus und ist sich gewiss, dass man dieses oben dargestellt Kreuz nachgeahmt hat. Man stellt somit das JHVH im Kleinen dar, das Kind des Makrokosmos. Man ahmt dadurch auch die zwei schöpferischen Ströme – Plus und Minus – im Universum nach, die von einem Kreis – der Gottheit – umgeben sind.
Wenn man nun abends die Kreuz-Stellung einnimmt, kann man alles

erbitten, was mit der Entwicklung, dem Ausgleich, dem Seelenspiegel, dem Kampf mit den Charaktereingenschaften, der Erkenntnis, der Gedankenbeherrschung usw. zusammenhängt. Es wird durch diese Rune hervorgerufen und verdichtet, denn man ist Eins mit der Gottheit und man bekommt Macht.

Bei der Abendkritik, die man von ganz alleine dann ausführlicher macht, ordnet man sich dem göttlichen Gesetzen unter, und die Gottheit lässt keinen ihrer Zöglinge außer acht, der es ernst mit seiner Entwicklung meint.

Nach getaner Kritik kann man die ganze Übung noch mit einer gezielten Suggestion abschließen und dies verbessert und beschleunigt die Entwicklung.

Durch die Ausführung der Stellung, durch diese Form der Abendkritik, bekommst du etwas von deiner Gottheit zurück, da man die Gesetze des Yggdrasil achtet und anwendet!

21. Über das Ritual des JHVH Hohenstätten

Das Singen der vier Buchstaben oder des Namens Jehova oder Jahwe waren nur Umschreibungen des göttlichen Tetragrammaton JHVH. Adonay bedeutet dasselbe. Der vierbuchstäbige Name wurde und wird viel bei Beschwörungen benutzt. Die Rabbis sprachen den Namen nicht aus, weil sie wussten, dass sie damit sofort schöpferisch tätig wurden, weil man sich der Gottheit unterordnet bzw. ihre Gesetze anerkennt. Deswegen gibt es auch keine Vokale im Hebräischen, weil diese mit den Elementen in Verbindung stehen. Die Wirkung dieses Namens liegen in der Beherrschung der vier Elemente, der Verbindung mit der Schöpfergottheit, Ausgeglichenheit usw. JHVH stellt einen rituellen Bezug zum Ausgleich dar, d. h., je mehr man sich dem annähert, um so besser wirkt es sich aus.

Das Umschreiben des Gottesnamen war um die Zeitenwende vom Hellenismus und Pharisäismus geprägten palästinischen Judentum üblich, um das Gebot Ex. 20,7: „Missbrauche nicht den Namen JHWHs, deines Gottes" nicht unabsichtlich zu verletzen. Nur der Hohepriester durfte den Gottesnamen am Jom Kippur (Versöhnungstag) aussprechen, wobei der laute Gesang der Leviten dies akustisch überdeckte. Die Tempelzerstörung im Jahr 70 beendete diese Praxis.

Spätestens seit 100 n. Chr. wurde der Gottesname im Judentum nicht mehr genannt. Daher ging das Wissen um seine ursprüngliche schöpferische Aussprache allmählich verloren. Sie wurde wegen der masoretischen Punktuation im Mittelalter auch im Judentum selbst weithin vergessen. So die offizielle Deutung!

Aber gehen wir etwas weiter und versuchen diesen Namen auf den Grund zu kommen, so weit dies überhaupt möglich ist. „Ich bin JHWH, dein Gott, der ich dich aus dem Land Ägypten, aus dem Sklavenhaus, herausgeführt habe. Du sollst keine anderen Götter haben neben mir," steht in der Bibel und dort ist dieser Gott als gnädiger Befreier und gerechter Bundespartner des erwählten Volkes Israel zugleich der Schöpfer, Bewahrer, Gesetzgeber, Ordner, Richter und Erlöser der ganzen Welt. JHWH ist der weitaus häufigste biblische Eigenname. Da dieser im Tanach nie mit anderen Namen kombiniert ist, gilt er als der eigentliche Gottesname. Selbst im altägyptischen Sprachraum gibt es diesen Gottesnamen wie wir dies aus der „Bibel des Adonis" kennen. Weitere altägyptische Schriften weisen daraufhin. Selbst die verschiedenen Kurzformen Jhw und Jhh stehen beide für JHWH, wie es unter anderen in Bardons „Quabbalah" steht sowie im Sepher Jezirah, worauf wir später noch näher eingehen werden.

Seit dem frühen 18. Jahrhundert versuchten historisch-kritische Alttestamentler die Aussprache des Tetragramms und seine Urform zu rekonstruieren. Dabei knüpften sie an die biblischen Kurzformen und ihre masoretische Vokalisierung an. Der lutherische Theologe Romanus Teller zählte 1749 folgende Lesarten auf: Jevo, Jao, Jahe, Jave, Javoh, Jahve, Jehva, Jehovah, Jovah, Jawoh oder Javoh.

Die Aussprache „Jahwe" war um 1800 bereits rekonstruiert worden; sie gilt heute als die wahrscheinlichste. Dafür sprechen die masoretische Vermeidung des Langvokals auf der ersten Silbe, die Eigenart des Hebräischen, offene Schlusssilben eines Verbs mit langem Vokal zu unterlegen, neue vor- und nachexilische Belege aus Israels Umwelt, die den jüdischen Gottesnamen als „Jawe", „Jabe" oder „Jauwe" überliefern, und griechische Übertragungen aus dem 1. Jahrhundert wie iabe oder iaoue. Dies alles hat eine ganz bestimmte den Buchstaben unterstehende lautmagische Wirkung.

In der Bibel steht: „Das ist mein Name für immer und so wird man mich nennen in allen Generationen." Somit ist der Gottesname unlösbar. Demgemäß beginnen Gottesreden in der Prophetie im Tanach mit der Selbstvorstellungsformel: „So spricht JHWH," weil dieser Schöpfername alles erschaffen hat in dieser vierpoligen Welt. Wer in seinem Namen handelt, der muss seine Gesetze anerkennen, sonst wird er sich selbst verfluchen.

Allein durch das Anrufen seines Namens erfährt der Beter schon Rettung und Schutz vor Zorn. Ein Missbrauch dieser Berufung wird als schwerstes Vergehen betrachtet und mit Gottes Vergeltung bedroht, die den Täter irgendwann einholen werde. Damit ist der verlorene Namen Gottes erklärt, welcher den Verursacher auslöschte.

Die rabbinische Tradition folgte der Eigendeutung des Namens in Ex 3,14 und leitete ihn von den drei Zeitformen des Verbs hjh ab: hajah – „Er war", hojêh – „Er ist" und jihjêh – „Er wird sein". Damit betonten sie die drei Zeiten, Ebenen und Körper usw.

Der Gottesname JHWH kommt für sich im NT nicht vor. Seine Kurzformen sind aber auch im NT in hebräischen Personennamen und im „Halleluja" (Offb 19,1–6) enthalten. Er wird in Bibelzitaten immer als kyrios („Herr", „Besitzer", „Gebieter") bezeichnet. So übersetzte die

Septuaginta den Hoheitstitel „Adonaj" für JHWH. Sie ergänzte diesen Titel oft mit dem Zusatz Pantokrator („Allherrscher"), um diesen unverwechselbaren einzigen Herrn jenen gegenüberzustellen, die sich ebenfalls als „Herr und Gott" anreden ließen (etwa die römischen Kaiser Augustus, Nero und Domitian). Auch diesen Sprachgebrauch übernahm das NT (etwa in Lk 10,21). Sonst bezeichnet es JHWH als „Gott".

Die meisten evangelischen Bibelübersetzungen übersetzen JHWH im Anschluss an jüdische Tradition ebenfalls mit Herr. Manche unterscheiden Herr oder HERR, um darauf hinzuweisen, dass an dieser Stelle JHWH oder Adonaj im Urtext stehen könnte; für Adonaj JHWH steht dann entsprechend Herr GOTT oder „Herr HErr".

Woher der Gottesname JHWH stammt, wo und wann die Israeliten ihn kennenlernten, ist ungeklärt. Wir Hermetiker wissen jedoch, dass er aus der geistigen Welt durch die Propheten in einer hellsichtigen Schau ermittelt wurde.

22. Das Laden von Talismanen
Hohenstätten

Da der gesamte quabbalistische Lebensbaum auf Runen aufgebaut ist und sämtliche Welten geschöpft hat, kann man anhand der Runen alles bewirken. Hat man ein starkes, schwer zu bekämpfendes charakteriches Problem, dann sollte man sich einen Talisman besorgen, z. B. ein kupfernes Armband usw., um das Problem mit den vier Elemente-Runen analog zu beseitigen. Ein Beispiel:

- Probleme harmonisch zu leben, kann man mit der Rit-Rune und dem Gedanken an die Rhythmik usw. in den Talisman hineinraunen.
- Bei der Is-Rune kann man mit der Unbesiegbarkeit arbeiten usw.
- Bei der Ar-Rune kann man seine Weisheit, Intuition verstärken usw.
- Bei der Os-Rune kann man die Liebe, Mitleid usw. verstärken.
- Bei der Ur-Rune kann man seinen Charakter fest, stabil und sicher machen usw.

Man kann sogar einige Runen kombinieren und eine Formel daraus machen, in dem man die Ideen für ein Problem von mehreren Seiten her angeht. Ein Beispiel: Ich habe Probleme mit Sexualtrieb. Dann nehme ich die Is-Rune, konzentriere mich dabei auf die Unbesiegbarkeit, bei Os-Rune auf die über dem Trieb stehende All-Liebe und die Ur-Rune gibt mir die Festigkeit, stabilisiert den Wunsch. Die Formel lautet dann: I-O-U, welche man rhythmisch in den Gegenstand hineinsummt, bis man beim Tragen des Talismans eine starke Wirkung spürt. Man muss nur noch bedenken, an welcher Stelle, Hand oder Finger man den Gegenstand trägt, denn dies wirkt sich alles im erhöhten Sinne aus.

23. Runen-Gesten
H.S.

Franz Bardon erwähnt in seinem „Adepten" die Handhabung von Gesten, Fingerstellungen, sogar Körper-Stellungen – man kann da die Analogie zu den Runen ziehen: *„Nun gehen wir zu einem weiteren, ebenso wenig bekannten Kapitel über, welches Körperhaltungen, Gestikulationen und Fingerstellungen, im allgemeinen Rituale genannt, betrifft. Das Grundprinzip der Rituale liegt darin, eine Idee, einen Gedankengang durch äußere Ausdrucksweise zu bestätigen, oder umgekehrt, eine Idee, einen Gedankengang durch eine Geste oder Handlung hervorzurufen, hermetisch ausgedrückt zu evozieren. Dieser Grundsatz gilt für die ganze rituelle Magie. Damit ist gesagt, dass man nicht nur jede Idee (auch jedes Wesen) durch äußere Handlung auszudrücken vermag, sondern auch an eine bestimmte Aufgabe binden kann. Was nicht seinen besonderen Namen sein Symbol oder äußeres Zeichen erhält und trägt, ist bedeutungslos. Auf dieser Urthese beruhen alle magischen Vorgänge und Rituale, und auch jedes Religionssystem hat seit Urzeiten seine besonderen Kulthandlungen. Der Unterschied liegt nur darin, dass der Masse bloß etwas davon zugänglich war, das meiste dagegen als streng geheim nur für Hohepriester und Eingeweihte galt. Jedes Ritual hat seinen besonderen Zweck, dem es dient, ohne Rücksicht darauf, ob es sich um Bann-Zauberei in Tibet handelt oder um Fingerstellungen der Bali-Priester bei Kulthandlungen im Orient oder um Ritualbeschwörungen der Magier. Die Synthese bleibt immer ein und dieselbe. Bei Justizverhandlungen wird als Bestätigung der wahrheitsgetreuen Aussage die mit drei Fingern zum Schwur erhobene Hand gleichfalls als magische Geste angesehen. Vom christlichen Standpunkt aus symbolisieren die erhobenen Finger die Dreieinigkeit. Jede der zahlreichen Logen und Sekten hat ihre eigenen Rituale. Beispielsweise sind die Logen der Freimaurer auf ein bestimmtes Zeichen, Wort und Griff gebunden. Vom geschichtlich-historischen Standpunkt aus ließe sich über dieses Thema sehr viel sagen. Für die praktische Magie respektive magische Ausbildung wäre jedoch ein solches Studium vollkommen zwecklos.*
Auf den wahren Magier übt es keinen Einfluss aus, wenn er in verschiedenen Büchern liest, wie ein Magier seinen magischen Kreis zeichnet, diesen als Symbol der Unendlichkeit, Gottheit und Unberührtheit

betrachtet und zum Schutze seine Genien und Engel hineinversetzt, oder wie ein Lama sein Mandala malt und bei seinen Ritualen seine Thatagatos als Schutzgottheiten hinstellt. Solch fremder Anleitungen bedarf er nicht, da er weiß, dass es nur Ideenfesselungen und Gedächtnisstützen des Geistes sind. In dieser – also vierten – Stufe lernt der Magier die Kunst, sich seine eigenen Rituale, Kulthandlungen, Gesten und Fingerhaltungen herzustellen. All das hängt von seiner Individualität und Auffassungsgabe ab. So mancher Magier erreicht mit den primitivsten Ritualen mehr als ein philosophischer Spekulant mit den kompliziertesten Kulthandlungen. Eine genaue Richtlinie läßt sich hier nicht geben, und der Schüler muss intuitiv handeln und jede Idee, jeden Gedankengang, sowie das, was er verwirklicht haben will, durch eine ihm zusagende Geste, Fingerstellung oder durch ein Ritual auszudrücken verstehen. Er wird gewiss nicht eine Segensgeste durch eine zum Angriff geballte Faust zum Ausdruck bringen wollen. Je nach Lage und Situation, in der er sich befindet, wird er sich sein individuelles, unauffälliges Ritual zusammenstellen, dessen er sich, von niemand beobachtet, demnach völlig geheim bedient. Es gibt Magier, die mit Fingerbewegungen in der Rock- oder Manteltasche unbemerkt in der größten Gesellschaft rituelle Magie betreiben. Sie gebrauchen den Elementen entsprechend die Analogie der fünf Finger, indem sie den Zeigefinger dem Feuer, den Daumen dem Wasser, den Mittelfinger dem Akasha, den Ringfinger der Erde und den kleinen Finger der Luft zuschreiben, und zwar die rechte Hand den positiven und die linke den negativen Elementen. Möge dieses kleine Beispiel genügen. Lernen Sie also, ganz individuell verschiedenen Ideen geeignete Zeichen zu geben. Schweigen Sie aber darüber, denn wenn jemand anders für dieselbe Idee das gleiche Zeichen gebrauchen würde, so schwächt er diese durch Ableitung ihrer Kraft ab. Ihren persönlichen Wunsch, den Sie schnellstens verwirklicht haben möchten, binden und bannen Sie an Ihr eigenes kleines Ritual oder Gestikulation, am besten Fingergestikulationen, und imaginieren Sie, dass sich durch diese Geste Ihr Wunsch verwirklicht, vielmehr, dass er schon verwirklicht ist. Das Gesetz der Gegenwarts- und Befehlsform gilt auch hier. Die Imagination der Verwirklichung in Verbindung mit der Geste oder dem Ritual muss zum Beginn intensiv mit dem Gefühl der Sicherheit, Selbstverständlichkeit und Zuversicht und mit dem unerschütterlichen Glauben an das Gelingen vollführt werden. Zuerst ist beides, Ritual wie Vorstellung, anzuwenden. Später, wenn man sich nur mit der Vorstellung des Wunsches und mit der Verwirklichung desselben *befasst, wird man automatisch, ohne es zu merken und ohne sich dessen gewahr zu werden, dazu veranlasst, die Geste oder das Ritual zu gebrauchen. Ist man soweit gelangt, dass ein Wunsch in der Vorstellung automatisiert wurde, so ist wiederum der Vorgang umgekehrt, man macht das Ritual oder die Geste und die Vorstellung oder die betreffende Kraft lösen sich automatisch in ihrer Wirkung aus. Dies ist der eigentliche Zweck des Rituals oder der Gestikulation, Finger- oder **Körperhaltung**. Wenn das Ritual mit der Vorstellung automatisiert ist, genügt es, nur noch das Ritual auszuführen, um die gewünschte Wirkung oder den gewünschten Einfluss zu erreichen. Einen naheliegenden Vergleich bietet eine geladene Batterie, bei der nur der richtige Kontakt genügt, um jederzeit den nötigen Strom zu haben. Durch wiederholte Vorstellung mit der gewählten Geste oder dem Ritual wird in der Ursachensphäre des Akashaprinzipes ein Kraftreservoir gebildet, das entsprechend dem Wunsch oder Zweck die erforderliche Vibration (elektrisch-magnetisches Fluid), Farbe, Klang und alle nötigen Analogien annimmt. Man kann mit Recht behaupten, dass es direkte Blutteilchen seiner ganzen Beschaffenheit sind. Ist dieses Kraftreservoir durch oftmaliges Wiederholen geladen, bewirkt das bloße Ritual, dass sich ein Teil aus dem Reservoir entlädt und die nötige Wirkung herbeiführt. Deshalb ist es angebracht, mit niemand darüber zu sprechen, denn andernfalls würde ein anderer mühelos durch dasselbe Ritual die geladene Kraft entziehen und die gleiche Wirkung erreichen, was allerdings auf Kosten des Urhebers gehen würde.*

Wie bereits erwähnt, kann jede Idee, jeder Wunsch und jede Vorstellung durch ein Ritual realisiert werden, dessen ungeachtet, welche Ebene in Anspruch genommen wird, ob die grobstoffliche, astrale oder geistige. Nur die Zeit der Verwirklichung hängt erstens von der geistigen Reife und zweitens vom Fleiß im Gebrauch des Rituals ab. Der Magier wähle solche Rituale, die er sein ganzes Leben hindurch gebrauchen kann, demnach Rituale universalen Charakters. Je weniger Wünsche er haben wird, um so rascher wird sich der Erfolg einstellen. Solange die zuerst gewählten in ihrer Wirkung nicht ausreichend funktionieren, nehme man keine weiteren Rituale hinzu. Anfangs begnüge man sich mit einem, höchstens drei Ritualen. Bei dieser Entwicklungsstufe angelangt, wird der Magier schon das richtige Maß einzuhalten verstehen und auch wissen, wieviel er zu laden vermag."

In der 8. Stufe schreibt er: *„Derjenige Schüler, der sich dessen sicher ist, die Elemente zu beherrschen, wird beobachten, dass ihm die Projektionen* *der Elemente auf allen Ebenen nach außen wie nach innen sehr leicht gelingen, dass sie ihm sogar wie ein Kinderspiel vorkommen. Soweit gekommen, geht der Magier dazu über, die Macht über die Elemente in ein geeignetes Ritual zu übertragen. Im Kapitel über die Rituale habe ich darüber bereits ausführlich gesprochen. Der Magier bilde sich mittels Fingerstellung, Handbewegungen, nach eigenem Ermessen ein Ritual, in das er die Macht verlegt. Durch seine magische Entwicklung wird er schon über soviel Intuition verfügen, dass er das richtige, dem betreffenden Element zusagende Ritual zusammenstellen kann. Er versieht es mit einem selbstgewählten* **Wort (einer Formel)** *und verbindet es mit einem bestimmten, dem Element entsprechenden* **Ton***. Ein Fehler kann hierbei nicht unterlaufen, denn diese Rituale sind ganz individuell, sie sind rein persönlich. Deshalb dürfen Rituale, die sich der Magier für diese Zwecke selbst zusammenstellt, niemand mitgeteilt werden! Eine andere Person könnte bei Anwendung dieser Rituale in der Elementebeherrschung denselben Erfolg erzielen, was allerdings auf Kosten der Kraft des Magiers, der die Rituale zusammenstellte, gehen würde. Wendet eine Person, die keine magische Reife besitzt, solche Rituale an, erleidet sie selbst großen Schaden und bringt auch anderen Menschen, für die sie die Rituale benützt, Unheil. Deshalb sei man hierbei sehr vorsichtig und wähle solche Rituale, deren man sich auch in großer Gesellschaft unbemerkt bedienen kann, z. B. ein Ritual mit Fingerstellung in der Tasche. Der wahre Magier wird diese Warnung als durchaus berechtigt ansehen. Vor allem trachte sich der Magier ein Ritual für ein Element der Astralsphäre zusammenzustellen, mit dem er zuerst die Wirkung des einen Elementes in Kraft setzt und gleichzeitig ein zweites Ritual, womit er die Kraft wunschgemäß sofort wieder auflöst. Ebenso verfahre er mit den weiteren drei Elementen, so dass er für die Astralsphäre acht Rituale und für die grobmaterielle Produktion gleichfalls acht Rituale durch seine Macht schafft. Sind nach langer Übung und langem Wiederholen die Rituale automatisiert, so genügt es, nur noch das Ritual anzuwenden, wodurch das Element sofort in Kraft tritt, je nachdem, was für ein Zweck damit erreicht werden soll. Will der Magier die Wirkung aufheben, so genügt es, das aufhebende Ritual zu gebrauchen. Diese Methode lässt sich so einüben, dass das Arbeiten ohne Willensanstrengung und ohne jede Vorstellung möglich ist.*

Dass der Magier durch die Wirkung der Elemente auf der astralen und grobstofflichen Welt alles erreichen kann, habe ich bereits erwähnt. Zur

Erreichung dieses Reifezustandes gehören vor allem Geduld, Ausdauer und fleißiges Üben, um sich darin zu vertiefen. Auch dann, wenn der Schüler sich nach den höheren Stufen noch mehr entwickelt, muss er an der Beherrschung der Elemente weiterarbeiten, bis er vollkommener Meister darin wird. Hat er hohe Ideale und ist er bestrebt, nur Gutes zu tun und der Menschheit zu helfen, wird ihn die göttliche Vorsehung segnen und ihn mit ungeahnten Fähigkeiten ausstatten, die ihm zu großartigen Erfolgen verhelfen."
Soweit dazu vom Meister höchstpersönlich. Es könnten jedoch Einwände kommen, die aussagen, das dies mit Runen nichts zu tun hätte. Doch schreibt Franz Bardon in seinem dritten Werk, dass gewisse tantrische Gottheiten entsprechende Gesten vollbringen, die schöpferisch wirken. In seiner „Quabbalah" bei der Zahl 10 schreibt er: *„Es gibt quabbalistische Gestikulationen, bei welchen man mit bestimmten Fingerstellungen und quabbalistischen Machtworten analog den 10 Ur-Ideen magisch wirken kann. Ein in der Quabbalah gut bewanderter Praktiker kann sich die Arbeitsmethoden für solche magisch-quabbalistische Praktiken mit Hilfe von Fingerstellungen auf Grund des hier Gesagten selbst zusammenstellen,"* und schon ist der Zusammenhang zwischen den rituellen Gesten und der Runenmagie gegeben, worauf wir nun näher eingehen werden.
Im Werk von S. A. Kummers „Runemagie" und im gleichnamigen Werk von Franz Bardon werden die Gesten bzw. die Fingerstellungen zu jedem Buchstaben gegeben. Der Hermetiker kann nach eingehender Beherrschung einer Rune die göttliche Kraft in die Geste stauen und schon hat er die gesamte Macht eines Buchstaben gebündelt in einer einfachen Geste und kann sie sofort und immer, wenn es der richtige Zeitpunkt ist, gebrauchen. Doch: Vorsichtig ist die Mutter in der Porzellankiste!

24. Sonnenritual
Anion

Dieses „Ritual" soll bei der Morgensonne praktiziert werden. Man stellt sich der Sonne entgegen, die Füße müssen in einem Winkel von ca. 90 Grad stehen, Hände empor der Sonne, Augen geschlossen. Man konzentriert sich auf den Solarplexus in Verbindung mit der Sonne, die die persönliche Gottheit darstellen soll. Man kann auch zur Anrufung ihren Namen im Geiste nennen.

Mit den Innenhandflächen saugt man ganz langsam und mild die Lichtstrahlen ein und verteilt per Imagination die Lebenskraft. Dazu kann man auch die Porenatmung verwenden, um das göttliche Licht oder die göttliche Energie einzusaugen.

Dieses Ritual dient der Aufladung mit Lebenskraft direkt aus der Quelle und ich erwähne es deshalb, damit der Hermetiker sich nach den anstrengenden Runenübung ausreichend kräftigen kann.

25. Der Sonnenkult
Hohenstätten

Der Sonnenkult ist gleichzeitig ein Götterkult, der durch die Runen am besten nach außen dargestellt werden kann. Aber wir gehen noch einen Schritt weiter und vertiefen das Ganze. Je mehr man die Gottheiten verehrt, desto schneller, sicherer und besser gelingen die Übungen: Die Gottheit kommt einem entgegen. Deshalb ehren wir dieses hohe Wesen nicht nur durch die Anerkennung der Runengesetze, sondern indem wir jeden Tag der Gottheit ein Opfer darbringen, ihr in allen drei Ebenen Nahrung übergeben, eine Kerze in der analogen Himmelsrichtung anzünden, Blumen oder Essensopfer ihr darreichen, und das Leben gemäß der Gottheit dem Tag entsprechend weihen wie am

- Sonntag – schöpferisch sein, das elektrisches Fluid ehren – vermehrt Stille üben.
- Montag – fruchtbar sein (Mond – magnetisches Fluid) – Stille üben.
- Dienstag – Tyr – mit den mittigen Willen alles beherrschen (Feuer) – die optische Sinnesübung tätigen.
- Mittwoch – Wodan – alles ausgeglichen machen, sich dessen bewusst sein (Akasha) – Stille üben.
- Donnerstag – alles mit dem Verstand, alles vernünftig machen (Luft) – akustischen Sinn üben.
- Freitag – alles mit Liebe machen (Wasser) – das Sinnesgefühl verstärken.
- Samstag – Rit – alles gesetzmäßig und mit Festigkeit machen (Erde) – die Übungen des Riechens und Schmeckens praktizieren.

Die Übungen aus dem „Adepten" müssen nämlich konform mit denen aus dem Runensystem gehen.

Man kann sogar noch einen Schritt weiter gehen. Da jeder Tag einer Gottheit somit einer Idee, einem Element untersteht, kann man das mit in seine Verehrung, sein Leben einbauen. Man lebt dann sozusagen im Rhythmus der Götter, welche diese Form der Verehrung dem Hermetiker dankbar verzollen:

- Sonntag – schöpferisch Essen, Braten, schöne Gerichte, festliches Essen usw.

- Montag – fruchtbares Mahl – Kohl, Gurke, Melonendiät, Gemüse, Obst usw.
- Dienstag – Feuer – scharfe Speisen zu sich nehmen, scharfe Gewürze usw.
- Mittwoch – die Mitte der Woche – ausgeglichen Essen, alles in Maßen halten.
- Donnerstag – Luft – Verstand – leichte, nicht beschwerliche Nahrung zu sich nehmen wie Geflügel, süße Speisen, leichte, nicht fettreiche Kost usw.
- Freitag – Wasser – wässrige, (salzige) Nahrung wie Salate, Suppen, Fisch usw.
- Samstag – Erde – Materie – herbe, bittere Speisen wie Wild, Reh, Rind, Kartoffel, Pilze, herbe Salate und Gewürz usw.

Man kann das alles so ausdehnen und gestalten, wie man will, solange man die Analogien berücksichtigt. Bardon erwähnt neben den Kräutern auch die verschiedenen den Elementen unterstehen Geschmäcker:
- Scharf – Feuer
- Süß – Luft
- Salzig – Wasser
- Herb – Erde

Für das Feuer-Element: Zwiebel, Knoblauch, Pfeffer, Senfkörner respektive Samen.
Für das Luft-Element: Haselnüsse, Wacholderbeeren, Rosenblüten, Koriandersamen.
Für das Wasser-Element: Hafer, Rübensamen, Futterrübe, Zuckerrübe, Pfingstrose, Kirschbaumblätter usw.
Für das Erd-Element: Petersilie, Kümmelsamen, Spitzwegerich, Nelkenblüte oder Melissenkraut.

Sogar die Tage und Stunden unterstehen den Runen und können sinnvoll zur Charakterveredelung genützt werden. Z. B.:
- Dienstag – Tyr – Feuer – cholerisch!
- Donnerstag – Thor – Luft – sanguinisch
- Freitag – Frigga – Wasser – melancholisch
- Samstag – Saturn – Materie – phlegmatisch
- Sonntag – schöpferisches Verhalten
- Mondtag – fruchtbares Verhalten

- Mittwoch – mittiges und ausgeglichenes Verhalten

Durch das Interesse an den Runen, deren Göttern, an den wahren Gesetzen (Dharma), an der Forschung nach göttlichen Geheimnissen, beherrscht man durch diese Praxis viel leichter seine Gedanken, Gefühle und Taten, man erreicht schneller das magische Gleichgewicht.

Bei den Alten spielte die Übungszeit und die Astrologie eine große Rolle. Durch Berücksichtigung dieser Gesetze kommt man eher und schneller mit diesen Kräften in Kontakt. Der Runer stellt sich auf diese makrokosmischen Bedingungen ein und kann daher intensiver diese Schwingungen aufnehmen. Dies wollen wir uns zunutze machen, und geben hier eine Liste der Entsprechungen an:

Liste der Tage – Tierkreiszeichen – Planeten – Elemente – Runen

21.3. – 20.4. Widder – Mars – Feuer – Is-Rune

21.4. – 21.5. Stier – Venus – Erde – Ur-Rune

22.5. – 21.6. Zwilling – Merkur – Luft – Ar-Rune

22.6 – 22.7. Krebs – Mond – Wasser – Os-Rune

23.7 – 22.8. Löwe – Sonne – Feuer – Is-Rune

23.8 – 22.9. Jungfrau – Merkur – Erde – Ur-Rune

23.9 – 23.10. Wage – Venus – Luft – Ar-Rune

24.10 – 22.11. Skorpion – Mars – Wasser – Os-Rune

23.11 – 21.12. Schütze – Jupiter – Feuer – Is-Rune

22.12 – 20.01. Steinbock – Saturn – Erde – Ur-Rune

21.01 – 18.02. Wassermann – Saturn – Luft – Ar-Rune

19.02 – 20.03. Fische – Jupiter – Wasser – Os-Rune

Gemäß den Elementen sollen die Räucherungen getätigt werden. Franz Bardon schreibt in seinem „Adepten" welche Kräuter analog sind und ebenso in seiner „Evokation". Dadurch wird eine Verbindung erleichtert.

Dieser Kreis symbolisiert die den Runen unterstehenden Tierkreiszeichen, nach welchen man später noch verfahren kann.

26. Götterkult
Hohenstätten

Dies stellt ein ganz besonders Kapitel dar und in gewisser Weise eine Erweiterung des vorherigen, denn wir können jeden Tag der Gottheit noch mehr widmen, indem wir morgens und abends ein Gebet an die Tages-Gottheit richten. Diese Tat wird nicht unerhört bleiben.

Gebet für den Montag.
Zur Verehrung

O allerseligste Jungfrau Maria, du Himmelskönigin, lange genug bin ich ein Sklave des Satans gewesen; ich will mich aber nun auf immer deinem Dienste widmen. Ja, so lange ich lebe, will ich dich ehren und dir dienen. Nimm mich als deinen Diener auf und verstoße mich nicht, wie ich es verdiente. O meine Mutter, in dir ruhen alle meine Hoffnungen. Ich preise und danke Gott, dass Er mich durch seine Barmherzigkeit dieses Vertrauen zu dir gegeben hat. Zwar bin ich im bisherigen Leben unglücklicherweise in Sünden gefallen; allein ich hoffe, dass ich durch die Verdienste Joschuahs und durch deine Fürbitte bereits Verzeihung erlangt habe. Jedoch ist dies nicht genug, o du zärtliche Mutter! Ein Gedanke ängstigt mich noch, ach, die heiligmachende Gnade kann ich abermals verlieren, denn ich schwebe stets zwischen Gefahren; meine Feinde schlafen nicht, und neue Versuchungen werden mich überfallen. Ach, so nimm mich denn in deinen mütterlichen Schutz, o meine Gebieterin, stehe mir bei wider die Angriffe der Hölle und lass nicht zu, dass ich aufs neue in Sünden falle und deinen göttlichen Sohn wieder beleidige. O nein, niemals soll es dahin kommen, dass ich wieder meine Seele, den Himmel und den lieben Gott verliere. Dieses ist, o mächtige Fürsprecherin, die Gnade, welche ich von dir begehre, welche ich sehnlichst verlange und von deiner Fürbitte hoffnungsvoll erwarte. Aum

Gebet für den Dienstag

O allerheiligste Jungfrau Maria, Mutter der Güte und Erbarmung, wenn ich meiner Sünden mich erinnere und an den Augenblick meines Todes denke, so zittere ich und werde voller Angst. O meine süßeste Mutter, auf das kostbare Blut Jesu Christi und deine gütige Fürsprache setze ich meiner Hoffnung. O Trösterin der Betrübten, verlass mich alsdann nicht und säume auch nicht, mich in jener großen Angst und Betrübnis zu trösten. Wenn mich jetzt schon die Erinnerung an die begangenen Sünden, die Ungewissheit der Verzeihung, die Furcht vor dem Rückfalle und die Strenge der göttlichen Gerechtigkeit so sehr foltern, wie wird es mir erst in jener Stunde des Schreckens geschehen. Ach, meine Gebieterin, erlange mich doch, ehe noch meine Todesstunde naht, Zähren einer aufrichtigen Buße über meine Sünden und eine wahre Besserung und Treue gegen meinen Gott für die noch übrige Zeit meines Lebens. Und wenn einst die Stunde des Hinscheidens da ist, o Maria, meine Hoffnung, hilf mir dann in jener großen Angst, die ich werde ausstehen müssen; stärke mich, damit ich zaghaft werde beim Anblicke meiner Vergebungen, die mir der böse Feind vor Augen halten wird. Erbitte mir die Gnade, damit ich alsdann imstande sei, dich recht oft anzurufen, damit ich mit deinem süßen Namen und mit dem Namen deines allerheiligsten Sohnes auf den Lippen meinen Geiste aufgebe. Vielen deiner getreuen Diener hast du diese Gnade erhalten; auch ich verlange sie, und wünsche sie sehnlich, und hoffe getrost, sie zu erlangen. Aum.

Gebet für den Mittwoch.

O Mutter meines Gottes, heiligste Maria, wie oft schon habe ich meiner Sünden wegen die Hölle verdient. Vielleicht bei meiner ersten Sünde schon wäre der Urteilsspruch vollzogen worden, wenn nicht du mitleidigste Mutter, die göttliche Gerechtigkeit zurückbehalten und durch den Sieg deiner Liebe über mein hartes Herz mich bewogen hättest, auf dich mein Vertrauen zu setzen. Und wer weiß, wie viel Mal ich leider in den vielfältigen Gefahren, die mir von allen Seiten zustoßen, in die Sünde zurückgefallen wäre, wenn du nicht durch die bei Gott erwirkten Gnaden bewahrt und beschützt hättest? Allein, o meine Königin, was werden mir deine Güte und alle Gnaden, die du mir erworben hast, nützen, wenn ich aus eigener Schuld verloren gehe? Wenn es auch eine Zeit gab, wo ich dich nicht liebte, so liebe ich dich jetzt nach Gott über alles. Ach, lass nicht zu, dass ich dir je untreu werde und den Dienst meines Gottes verlasse, der mir durch deine Vermittlung so viele Gnaden verliehen hat; lass nicht zu, o liebevollste Gebieterin, dass ich mein Los mit denjenigen teile, welche dich hassen und ewig in der Hölle verfluchen. Könntest du es ertragen, dass auch nur einer deiner Diener, (eine deine Dienerinnen,) der (die) dich liebt, zugrunde ginge? O Maria, lass mich gnädigst deine Antwort vernehmen – werde ich verdammt werden? – Ach, ja, gewiss, wenn ich dich verlasse. Wer würde dich aber wohl verlassen, wer eine Liebe, wie die deinige, wohl vergessen können? Nein, wer sich dir empfiehlt, wer zu dir seine Zuflucht nimmt, der kann nicht verloren gehen. Ach, liebste Mutter, überlasse mich nicht mir selbst, sonst ist es um mich geschehen; mache, dass ich immer meine Zuflucht zu dir nehme. Rette mich, die du meine Hoffnung bist; errette mich vom Abgrund der Hölle, vor allem aber bewahre mich vor der Sünde. Aum.

Gebet für Donnerstag

O du holde Himmelskönigin, die du, über alle Chöre der seligen Geister erhaben, zunächst bei Gottes Throne bist: aus der Tiefe dieses Jammertales bringe ich dir, obgleich ich ein Sünder bin, meiner tiefe Huldigung dar und bitte dich ehrfurchtsvoll, du mögest einen barmherzigen Blick auf mich Elenden werfen. Siehe, o Maria, wie viele Gefahren mich stets umgeben, wie sehr ich befürchten muss, meinen Gott, den Himmel und meine Seele zu verlieren. Auf dich habe ich all mein Vertrauen gesetzt; dich liebe ich von Herzen und seufze nach dem glücklichen Augenblick, wo ich dich werde im Himmel sehen und preisen können. Ach, wann wird er einmal für mich leuchten, jener erwünschte Tag, wo ich, meines Seelenheils versichert, vor deine Füße mich hinwerfen kann? Wann werde ich jene so mildreiche Hand küssen, welche mich mit so vielen Wohltaten überhäuft hat? Zwar habe ich mich bis jetzt sehr undankbar gegen dich gezeigt, o meine beste Mutter! In dem Himmel aber werde ich nicht mehr undankbar sein; unaufhörlich, eine ganz Ewigkeit hindurch werde ich dich lieben und durch immerwährendes Lob, durch unterbrochene Danksagung meinen sträflichen Undank wieder gut machen. Ich danke dem Herrn, dass Er mir dieses Vertrauen auf die unendlichen Verdienste Joschuahs und auf deine mächtige Fürsprache eingegeben hat. Deine wahren Diener haben alle mit Zuversicht auf diese Gnadenschätze gehofft, und keiner ist in seiner Hoffnung betrogen worden; warum sollte ich verzagen? O Maria, bitte deinen göttlichen Sohn, Er wolle mich durch die Verdienste seines Leidens in dieser Hoffnung stärken und immer mehr und mehr befestigen. Aum.

Gebet für den Freitag.

O Maria, du bist die Edelste, die Erhabenste, die Reinste, die Schönste, die Heiligste und Vollkommenste unter allen Geschöpfen! O dass dich doch alle Menschen kennen und liebten, wie du es würdig bist! Jedoch tröstet mich der Gedanke, dass so viele Glückselige im Himmel und so viele Gerechte auf Erden wegen deiner Güte und Schönheit ganz von Liebe eingenommen sind.

Über alles freut es mich aber, dass Gott selbst dich allein mehr liebt, als alle Menschen und Engel insgesamt. Meine liebenswürdigste Königin, auch ich armer Sünder liebe dich; aber viel zu gering ist meine Liebe! Ich wünschte eine viel stärkere und zärtlichere Liebe gegen dich zu haben: O erbitte mir diese Gnade bei Gott, denn dich zu lieben ist ein sicheres Zeichen der Auserwählung und eine Gnade, welche Gott denen verleiht, welche selig werden. Dann, o meine zärtliche Mutter, habe ich deinem göttlichen Sohne alles zu verdanken, und bin Ihm eine unendliche Liebe und ewige Dankbarkeit schuldig. O du, die du nichts so sehr wünschest, als dass Er von allen geliebt werde, erhalte mir auch eine unbeschränkte Liebe zu Ihm! Du kannst ja alles von Gott erlangen; erlange mir alle die Gnade. Ich suche keine Erdengüter, keine Ehren, keine Reichtümer: die Liebe Gottes in meinem und aller Menschen Herzen, dies ist mein heißester Wunsch. Könntest du ein so billiges und dir selbst wohlgefälliges Verlangen verschmähen und nicht befriedigen? Nein, schon empfinde ich die Wirkung deiner mildreichen Hilfe, schon fühle ich mich zur Liebe meines Gottes angetrieben. O Maria, bitte und verwende dich gütigst für mich, bis ich bei dir in dem Himmel bin, wo ich ewig meinen Gott, und dich, meine zärtlichste Mutter, besitzen und lieben werde. Aum.

Gebet für den Samstag.

O Maria, allerheiligste Mutter meines Erlösers, wenn ich an die vielen und großen Gnaden denke, die du mir erhalten hast, und an den großen Undank, womit ich dir begegnet bin, so bekenne ich mich neuer Wohltaten vollkommen unwürdig; dennoch aber will ich nicht nachlassen, mein Vertrauen auf deine Barmherzigkeit zu setzen. O meine mächtige Fürsprecherin, habe Mitleid mit mir; du bist die Ausspenderin aller Gnaden, die Gott uns zukommen lässt, und deshalb hat Er dich so mächtig, so reich und so mildtätig gemacht, damit du uns beistehest. Sehnlichst verlange ich, selig zu werden; Siehe, nun lege ich in deine Hände mein ewiges Heil und übergebe dir meine Seele. Ich wünsche, unter deine eifrigsten Diener zu gehören; also verstoße mich nicht. Unaufhörlich suchest du die Unglücklichen auf, um ihnen beizustehen; o so bitte ich dich denn aus dem Innersten meines Herzens, verlasse mich armen Sünder nicht, welcher zu dir voll Vertrauen seine Zuflucht nimmt. Verwende dich für mich bei deinem göttlichen Sohne; denn Er ist allezeit bereit, dir deine Bitten zu gewähren. Nimm mich unter deinen mächtigen Schutz, und ich bin geborgen, und wenn du mich beschützen, vor was soll ich dann beben? Vor meinen Sünden, ich hoffe, dass du mir deren gänzliche Nachlassung erhaltest; als allen Gewalt der bösen, höllischen Geister; vor Christus, dem künftigen Richter, mit einer einzigen Bitte kannst du Ihn ja besänftigen. Beschützte mich also stets, o meine liebevolle Mutter, und erlange mir die Vergebung meiner Sünden, die Liebe zu Joschuah, die heilige Beharrlichkeit, einen guten Tot und zuletzt die ewige Seligkeit. Ich erkenne mich aller dieser Gnade zwar für unwürdig; wenn du aber bei dem Herrn für mich bittest, so werde ich sie gewiss erlangen. Bitte also deinen Sohn, Jesum Christum, für mich, o Maria, meine Königin, meine Mutter! Auf dich vertraue ich, in dieser Hoffnung ruhe und lebe ich, in dieser Hoffnung will ich sterben. Aum.

Gebet für den Sonntag.

Siehe, Mutter meines Gottes, hier vor deinen Füßen einen elenden Sünder, der zu dir seine Zuflucht nimmt und sein ganzes Vertrauen auf dich setzt.

Ich verdiene zwar nicht, dass du mich eines milden Blickes würdigest; allein ich weiß, dass du, seitdem du deinen Sohn für die Sünder sterben sahest, sehnlich wünschest, ihnen zu helfen. O Mutter der Barmherzigkeit, siehe an mein Elend und habe Mitleid mit mir. Überall wirst du angerufen als die Zuflucht der Sünder, die Hoffnung der Kleinmütigen, die Hilfe der Verlassenen. So sei dann auch du meine Zuflucht, meine Hoffnung, meine Hilfe. Durch deine Fürsprache wirst du mich retten. Eile mir zu Hilfe aus Liebe zu Joschuah; reich deine Hand einem Elenden, welcher unter der Last seiner Sünden erliegt, und der sich dir empfiehlt. Ich weiß gewiss, dass du, wenn es möglich ist, dem Sünder mit Freuden zu Hilfe eilest. Hilf mir denn jetzt, da du es kannst. Durch meine Sünden habe ich die göttliche Gnade und zugleich meine Seele verloren; nun aber werfe ich mich in deinen mütterlichen Arme und bitte dich, du wollest mir zu erkennen geben, was ich tun soll, um die Gnade meines Gottes wieder zu erlangen; siehe, ich bin bereit, alles sogleich zu vollziehen. Er sendet mich zu dir, o Gnadenvolle, damit du mir beistehen wollest; Er will, dass ich mich an deine milde Barmherzigkeit wende, auf dass mir nicht nur dir Verdienste deines lieben lieben Sohnes, sondern auch deine Fürbitte zu meiner Seligkeit helfe. Zu dir also, o mächtige Jungfrau, nehme ich nun meine Zuflucht; bitte Joschuah für mich und zeige, was du Gutes denjenigen erweisest, die ihr Vertrauen auf dich setzen. O Maria, erhöre mein Flehen und verschmähe es nicht. Aum.

27. Morgen- und Abendweihe.
S.A.K.

Anstelle der obigen Tagesgebete kann man auch die Morgen- und Abendweihe verwenden, um den Tag zu heiligen. Nicht ohne Grund hatte Franz Bardon diesen Abschnitt in seiner „Runenmagie" ins Tschechische übersetzt::

Morgenweihe:

Hochheiliger Fuotan, Allfator,
der Du bist ewig dreifach in, um und über mir,
ich weihe mein Ich, mein Leben aufs neue in treuer Liebe Dir,
befreie, läutere von allem Niederen, Unreinen mich,
lass' göttliche Liebe, Weisheit und Willen durchströmen mein Ich,
damit ich mein Karma verringere,
denn mein Herz, mein Blut ruft nach der Sonne, Arahari, nach Dir!
Bewahre mich vor Übel, Dunkelmächten und Rassenschuld,
gib mir Liebe, Daseinsfreude, Glück und Geduld.
Durch Deinen göttlichen Dreiklang erglüht mein Herz,
über Entstehen – Sein – Vergehen ström' ich sonnenwärts.
Deiner Barmherzigkeit ewigen Dank,
ich bin zur Erkenntnis durch raunende Runen gelangt.
Ich kämpfe mich heldisch näher zu Dir,
darum vergib auch mir!

Sig-tyr, Sig-tyr, Sig-tyr!

Abendweihe.

Heiliger, großer, allmächtiger, dreieiniger Fuotan! Ich grüße Dich und weihe Dir mein Ich aufs neue. Ich danke Dir für Deinen Schutz und Deine Güte, bewahre mich vor allem Schlechten, Niederen und Fremden. Dein gnädiger, barmherziger Vatergeist verzeihe mir meine Fehler, wenn ich geirrt, hilf mir sie überwinden und durch edle Taten ausgleichen. Dein

Schirm und Schutz ist meine Waffe gegen alle Feinde und dunklen Gewalten, denn Du bist mein dreifach Heil, Sonne und Licht. Ich kenne keine Furcht, kein Grauen und Wanken, denn ich bin gefeit und gehörnt durch Dich. Du bist die Liebe, die Wahrheit, die Güte, das Recht. Du bist meine Sehnsucht und meine Zuflucht. Fuotan, allmächtiger Vater und Weltengeist, ich rufe Dich bei Tag und Nacht, ich liebe, ich glaube, ich denke beständig an Dich, ich rede und kämpfe für Dein Reich, damit die Dämmerung schwindet in der Rasse, dem Vaterland.

Sollte mir die Stunde der Wandlung nahe sein, so bist Du gnädig, wie zu meinen Vorfahren, auch zu mir.

Fuotan, Wille und Weh, ich weihe Dir, ich grüße Dich! Heil, sig runa!

28. Atlantische Runen
H.S.

Die Zeichen des Neophyten

Zeichen des Horus

Zeichen des Harpokrates

Die Zeichen der Elementargrade

Zeichen des Theoricus

Zeichen des Zelators

V.- Zeichen von Apophis und Typhon

X.- Zeichen des auferstandenen Osiris

Zeichen des Practicus

Zeichen des Philosophus

Die Zeichen der Pforte

Das Öffnen des Schleiers

Das Schließen des Schleiers

Die L.V.X.- Zeichen

Zeichen des erschlagenen Osiris

L.-Zeichen der trauernden Isis

Diese Stellungen aus I. Regardies „Das magische System des Golden Dawn (Band II, Seite 132-134) sind die atlantischen Ur-Runen, welche in diesem Orden gelehrt wurden. Dieselben Stellungen wurden auch im Orden der Gold- und Rosenkreuzer angewandt! Näheres dazu im vierten Band der Runen-Reihe.

THE SIGNS OF THE GRADES

Selbst Aleister Crowley war sich der Erhabenheit der Runen bewusst, wie man in seinem Buch „The Equinox", Vol. 1, Nr. 2 sehen kann. Nur hat er die Tiefe der Runen nicht erkannt, denn seine Drogensucht und seine absolute Unausgeglichenheit verhinderten dies. Er nannte sich nicht ohne Grund „To mega Therion", d. h., das große Tier. Dieser Name ist eine Verehrung seiner tierische Gottheit Baphomet!

29. Omoto
H. S.

In der „Weißen Fahne" fand ich einen interessanten Aufsatz von K. O. Schmidt über den Begriff „Omoto". Dort verwies er auf das Buch der Neugeist-Zeitschrift „Omoto – Neugeist in Japan – Lehre und Praxis" von Professor Koogecu Nishimura.

Professor Koogecu Nishimura
in Oomoto-Tracht

Als ich dieses Buch zu Ende gelesen hatte, fiel mir der Zusammenhang zur Runenmagie unweigerlich ins Auge. Diesen werde ich zitiert wiedergeben, damit man sieht, dass selbst die Runenmagie im fernen Osten praktiziert wird:
Omoto heißt wörtlich „Mittelpunkt", „geistige Grundlage". Die Geburtsstätte ist ein kleines freundliches Städtchen in der Provinz Tamba namens Ajabe, in der Nähe der japanischen Hauptstadt Kyoto. Am 1. Januar 1892 wurde diese Bewegung durch ihre Begründerin Nao Degutshi, einer 57 jährigen Japanerin, durch das Erreichen des Kosmischen Bewusstseins ins Leben gerufen, welche die Übungen und Praktiken auf intuitive Weise eingegeben wurden. Der Aufschwung der Omoto-Bewegung setzte durch Onisabro Degutshi ein, als er am Berg Takakuma asketische Übungen vollbrachte und ins Samadhi, in die Gottverbundenheit, gelangte. Viele Zeitschriften, Bücher und eine umfangreiche Literatur sorgte für die Verbreitung dieser Philosophie.
Zur theoretischen Ausbildung zählt die Kenntnis der drei Welten:
- Himmlische Welt: Takaama-hara genannt und besteht aus sechs verschiedenen Bewusstseinsreichen.
- Geistige Welt: Entspricht unsere Astralwelt, sie ist die Zwischenwelt, Ameno-jacimata, das Reich der Geister.
- Irdische Welt: Uzushito genannt, d. h. Spiegelwelt, weil sie eine Widerspiegelung der geistigen Ebene, der geistigen Ideen darstellt.

Auf Seite 15 wird nun näher auf die Wort-Magie eingegangen: *„Die Magie des Wortes spielt in der praktischen Mystik eine wichtige Rolle. Omoto lehrt, dass das höchste geistige Wesen, der Herr der manifestierten Welt, unaufhörlich das „Wort" spricht. Die heiligen Bücher aller Völker sprechen von „Gott, der das Wort ist" und vom „Wort, das Gott ist"!, und davon, dass alles, was ist, durch das Wort wurde und wird. Wenn das höchste Wesen nur einen Augenblick mit dem „Sprechen des Wortes" einhalten würde, würde das sichtbare Universum plötzlich vergehen und nicht mehr sein.*
Der Göttliche Geist im Menschen vermag nun, die „Gesetze des Wortes" zu erkennen und – aber in Harmonie mit dem Göttlichen Willen und den Gesetzen der Wortmagie – auf die Natur einzuwirken.
Menschlichen Ohren ist die „Große Stimme" nicht vernehmbar, aber der erwachte Geist fühlt ihr Schwingen, und er beginnt, einzudringen in das Mysterium der Ur-Laute. Dies vorausgesandt, wird das Folgende klarer:

Der Lehrer beginnt, wenn das Meer der Seele – die Temperamente – still geworden ist, jenes Mantram ruhig und rhythmisch mit kraftvollen, tiefem Tone zu sprechen:

Chto, fhta, yo, icu, muju nana, ya, kokono, tari, momo, tshi, norosu!

Den Buchstaben nach sind dies die japanischen Zahlen von eins bis zehn, ferner hundert, tausend und zehntausend (Hito, huta, mi usw.). Aber es sind nicht die heute gebräuchlichen japanischen Zahlen, sondern sehr altertümliche, aus der den Meistern des japanischen Altertums geläufigen Laut-Magie entstandenen kosmischen Zahlen, die heute kaum noch Verwendung finden (vgl. die Beziehung zwischen Zahlen und Runen. Der Hrsg.).

Durch das ein- bis dreimalige Sprechen der „Wörter" entsteht im Schüler ein Zustand, den man schwer mit einem europäischen Wort zu bezeichnen vermag. Der hermetische Begriff der Ekstase (Samadhi, Gottverbundenheit) entspricht ihm wohl in etwa. Es ist, als wäre in den regungslosen Körper des Schülers ein neues Ich gedrungen. – Der nun folgende Vorgang ist rein geistiger Natur; auch hier zeigt sich wieder die Notwendigkeit der Anwesenheit eines Lehrers:

Nach außen hin herrscht Stille, absolute Stille, Noch einmal schwingt durch den Raum das kosmische „Mantram", das Schlüsselwort zur Lösung geistiger Energien.

Für den Zuschauer mag der Anblick des Schülers in diesem Augenblick etwas Seltsames haben. Manche Schüler nehmen noch eine starrere Haltung (Stellung) ein, bei anderen wieder beginnt der Körper, sich rhythmisch zu bewegen (zu tanzen), oder die Hände schweben rhythmisch auf und nieder wie die Schwingen eines Adlers. Man vergleiche hierzu die Parallelen in der „Praxis der alten türkischen Freimaurerei" von Sebottendorff, den islamischen Mystikern, speziell mit den verschiedenen Derwisch-Orden.

Und nun beginnt die Seele des Schülers durch den Mund ihres Körpers auf die Fragen des Lehrers zu antworten; das Erleben setzt ein, der Eintritt in die geistigen Welten unter der Führung des Lehrers.

Man denke aber nicht, das Eindringen in die geistigen Welten, oder das Heilen von Kranken durch die im Chinkon-Kishin erlangten Kräfte und manches Ähnliche seien nun das Wesentliche und der eigentliche Zweck des Chinkon-Kishin. Vielmehr sind alles dies nur Stufen auf dem Weg zum

Höchsten Ziel dieser Übungen praktischer Mystik: zum Erwecken des Gott-Funkens und zur Einswerdung mit den Flammen der Göttlichen Ursonne. Kein wahrer Schüler des Chinkon-Kishin bleibt auf den unteren Stufen stehen; er betrachtet alles im Leben, auch diese Erlebnisse, als Stufen zu weiterem Aufstieg ..." (S. 16)

„Zweck der Wortmagie ist, die den Lauten eigenen Kräfte und die den einzelnen Wesen entsprechenden Worte und Laute zu erkennen, und die diesen innewohnenden Kräfte zu wecken und zu nutzen. Der Erwachte, der Gott in sich erlebt hat und mit den Gottkräften erfüllt ist, kann mit einem Wort Wind und Regen, jedes Naturgeschehen beeinflussen, lenken!" (S.17)
Omoto ist nun die japanische Variante der heiligen Runenmagie – wenn auch hier nur kurz angeschnitten – welche den Schülern *„den Weg weisen zu der letzteren Art von Kamigakari, zum Kosmischen Bewusstsein!"*

Nun zum Aufsatz aus der Zeitschrift „Weiße Fahne", Jahrgang 10, Heft 11:

Oomoto – Wie Oomoto entstand

Es liegt ein durch die ganzen Verhältnisse im Orient bedingter tieferer Grund darin, dass Oomoto, die japanische Neugeist-Bruderbewegung, hinter der heute mehrere Hunderttausend Anhänger stehen, in den letzten Jahren in Japan und sonst im Orient mit stetig wachsender Geschwindigkeit sich ausbreitete, will doch Oomoto keine die alten verdrängende neue Religion sein, sondern ein natürlicher Weg aus dem Chaos zu einer neuen schöneren Zukunft, in der Welt und Menschheit nach göttlichen Prinzipien geleitet und aufwärts geführt werden. Und es ist ebenso wenig ein Wunder, dass seit kaum einem Jahre, seitdem Oomoto auch mit Hilfe der Esperanto-Sprache seine Ideen in der ganzen Welt verbreitet, bereits 35 esperantistische Ortsgruppen entstanden und täglich mehr in Bildung begriffen sind, ähnlich wie auch Tao Yuan (eine chinesische Bewegung) enorme Fortschritte zu verzeichnen hat.
Die Geburtsstätte des Oomoto ist ein kleines stilles und friedliches Städtchen in der Provinz Tamba, ähnlich wie Pfullingen, etwa 2 ½ Stunden von Kioto, der alten Hauptstadt Japans entfernt, namens Ajabe. Die Bewegung selber datiert von dem Zeitpunkt an, wo ihre Anfang November 1918 verstorbene Begründerin, Nao Deguchi in den Zustand der Verzückung und Vergottung eintrat, am 1. Januar 1892, (ähnlich wie

Buddha nach langem Suchen schließlich unter dem Bodhi-Baume die Bodhisattvaschaft erlangte). Die göttlichen Inspirationen, auf denen Oomoto basiert, geschahen ursprünglich durch sie mündlich, später schriftlich, und zwar wuchs dies wichtigste literarische Dokument, die „Heilige Schrift des Oomoto" auf inspirativem Wege mit enormer Geschwindigkeit schließlich zu einem Werk von über 200.000 Schriftseiten an. Ziel dieser Schrift und ihres Inhalts ist, „die Herrschaft des Körpers über die Seele zu brechen und an deren Stelle die Herrschaft der Seele über den Körper, des Geistes über die Materie, zu setzen, damit Friede und Liebe in der Menschheit regieren mögen". Das Werk selber ist ein leuchtendes Dokument der Einwirkung hoch-geistiger Kräfte auf die niederen Welten, ebenso wie der gleichfalls auf inspirativ-intuitivem Wege durch den jetzigen Führer der Oomoto-Bewegung, Onisaburo Deguchi, geschriebene Kommentar, die „Botschaft von der geistigen Welt". Die Aufzeichnungen seiner Schüler belaufen sich gleichfalls auf über 80.000 Seiten.

Chinkon-Kischin, der Weg zum mystischen Erleben.

Hauptleitsatz des Oomoto ist: „Gott ist Geist, enthalten in jedem Teil des Universums. Wenn Gott sich im Menschen offenbart, gelangt auch dieser in den Vollbesitz unbegrenzter Macht über die Materie".
Dieser Zustand, den der Hermetiker geistige Selbstverwirklichung nennt und der in der Mystik als Durchchristung eine große Rolle spielt, wird im Oomoto Chinkon-Kischin genannt und dort beschrieben als „höchstes Gott- und Geist-Bewusstsein, ein Zustand der Einheit des Menschen mit Gott." Es heißt dann weiter: „Die Methode des Chinkon ist eines der größten Sanktuarien (Heiligungs- und Einweihungsmethode) der Menschheit.
Kischin ist ein Zustand, in dem der menschliche Geist harmonisiert und eins ist mit dem Wesen Gottes, seines Ursprungs. Kischin wirkt daher durch direkte Inspiration in dem Propheten (oder Mystiker) und lässt ihn den wahren Zustand der geistigen Welten erkennen. Die Methode selber tauchte bereits in den frühesten Perioden der japanischen Geschichte auf, sie hat in Zeiten höchster Gefahr und Bedrängnis sogar der Nation geholfen, ist aber heute fast ganz verschwunden. Erst jetzt taucht sie im Oomoto wieder auf. Kischin ist der einzige Weg zur Vereinigung von Gott und Mensch. Okkultismus, Mystik usw. nennen ihn oft als die höchste für

den Menschen erreichbare Stufe.

Der Mensch ist der Träger, die Hülle, das Vehikel eines Gott entstammenden Geistes (der Hermetiker würde sagen: des „Höheren Selbst", der indisch orientierte Theosoph nennt es „Atma-Buddhi-Manas" oder „die Individualität", der Spiritualist spricht vom „Geistigen Führer", im Raja-Yoga heißt es „Überschattender Genius", Sokrates nennt es das Daimonion bzw. „Zeichen"). Die Vereinigung dieses höheren Selbst mit dem Kosmischen, dem göttlichen Prinzip, ist Kischin. Einen Tod gibt es nicht; der physische Tod ist nur der Moment, in dem die Seele den Körper verlässt, mit anderen Worten: Der Tod in dieser Welt ist nur eine Auferstehung der Seele in einer höheren geistigen Welt, in Wahrheit ist der göttliche Teil des Menschen unsterblich.

In den spirituellen Lehren des Oomoto sowohl als auch in der daraus resultierenden Lebenspraxis steht immer obenan der auch von der Hermetik vertretene positive Optimismus.

Wort-Magie:

Eine wichtige Rolle spielt im Oomoto auch die „Wortseelen-Lehre", d. h. die Magie des Wortes. Oomoto sagt darüber: „Diese Wortseelen-Lehre will das Geheimnis und den Grund erforschen, warum der göttliche Wille zufolge den Gesetzen und Regeln der Wortmagie auf das Universum einzuwirken vermag.

Hinter diesem Wort verbirgt sich ein für jeden Okkultisten und Esoteriker hochinteressantes Problem. Man denke nur in diesem Zusammenhang an Bibelstellen wie „Im Anfang war das Wort, und das Wort war bei Gott und Gott war das Wort", oder: „Das Wort ist Gott, alles wird durch Ihn". Die „Botschaft von der geistigen Welt" sagt darüber: „ER (d. h. Ookunitokotachi-no-Mikoto, das Höchste Wesen) hört nicht eine Sekunde mit der Ausübung der Wortmagie auf. Würde ER einen Augenblick einhalten, würde das Universum plötzlich vergehen und nicht mehr sein!"

Es heißt dann weiter: „Die japanische Wort-Magie ist so okkult, dass Japan seit uralten Zeiten als das Land der Wortmagie bezeichnet wird oder auch als das Land, dem in Zeiten schwerster Bedrängnis die Magie des Worts geholfen hat.

Durch das Universum schwingen die 5 Urlaute a-o-u-e-i mit gewaltigem Donnern und Brausen, so gewaltig, dass das menschliche Ohr sie nicht zu hören vermag, nach dem japanischen Sprichwort „Die Große Stimme ist

menschlichen Ohren nicht vernehmbar". Wir wissen aus der Akustik, dass Töne, die unterhalb und über einer gewissen Schwingungsgrenze liegen, vom menschlichen Ohr nicht mehr empfunden werden. Wenn der Mensch die geistigen Welten genauer kennt, die Stufe des Kischin (der mystischen Gott-Einheit) durchschritten und gewissermaßen das Wirken des Worts erfasst hat, wird er auch diese fünf Urtöne vernehmen.
Westliche Okkultisten werden sich versucht fühlen, Analogien mit den sogenannten Tattwas (Elemente) herauszufinden. Hierüber nachzudenken, sei jedem selbst überlassen.

Kototama, die magische Kraft des Wortes.

In der hermetischen Praxis der Oomoto-Anhänger spielt Kototama eine wichtige Rolle, jedoch spricht der Japaner nicht von „Wortmagie", sondern von „Worte-Seele", von „Wortbeseelungs-Praxis". Er sendet bei seinen wortmagischen Handlungen die „Seele des Wortes" hinaus, damit sie das Ersehnte bewirke.
Diesem Zwecke dient auch das bekannte japanische Mantram: Ah, kannagara tamatshi haemase!", das dem Sinne nach unserem „Aum" oder „Amen" entspricht und wörtlich heißt: „Dein Wille, göttliche Urkraft in mir, werde Wirklichkeit!" – Es wird gesagt, dass, wenn man diesen Satz richtig, volltönend und mit hingebendem Vertrauen mehrmals wiederholt und das ganze Denken, Wollen, Fühlen und Handeln auf die Erfüllung seines Sehnens richtet, man die Verwirklichung des Erstrebten beschleunigen kann.
Wir finden nun in der Oomoto-Literatur eine Menge wertvoller Aufschlüsse über Kototama, die auch für uns von großem Interesse sind. Wir haben bereits in „Oomoto, Neugeist in Japan" einzelnes darüber mitgeteilt, ferner bringt soeben unserer Gesinnungsfreund R. Burkert in Niemes in seiner Schrift „Das Reich Gottes auf Erden" noch einige ergänzende Ausführungen, die wir nachstehend wiedergeben:
„Im Anfang war das Wort, und das Wort war bei Gott und Gott war das Wort. Alle Dinge sind durch dasselbe gemacht und ohne dasselbe ist nichts gemacht, was gemacht ist! – Unfassbar für das kleine Wesen Mensch ist der Gedanke, der hier in Worte sich kleidet. Gott sprach und in dem unendlichen Raume entstanden die Welten und unsere Erde und alles Leben. Einen Augenblick, o Menschenkind, lass deinen Blick schweifen zu der funkelnden Pracht der Gestirne und deine Seele hineintauchen in den

Gedanken solcher majestätischer Schöpferkraft. Alles, was das Auge sieht, und was die Ahnung durch die Seele zieht, ist geschaffen durch das Wort. „Und er stand auf und bedrohte den Wind und das Meer, und es ward ganz stille!" Welch geheimnisvolle Macht liegt auch in diesem Worte. Ein göttliches Geheimnis, das der kleine Menschengeist nicht zu fassen vermag. Eine Schöpferkraft, die die Gottheit nur den erleuchtenden Meister der Menschheit zur Verfügung stellt.

Das Wissen um diese Kraft des Wortes ist in Japan eine uralte Überlieferung; es ging in den Jahrtausenden verloren. Mit Chinkon-Kischin erschloss sich Onisabro Degutshi – der Führer der Oomoto-Bewegung – den Weg zu diesem Geheimnis, und seinem befehlenden Worte beugen sich die unsichtbaren Kräfte der Natur. Er ist zur Zeit der einzige Mensch, der diese Gabe voll besitzt. Aber niemals benutzt er die Kraft, um ein egoistisches Ziel zu erreichen, niemals suchte er sich mit ihr zu schützen gegen die vielen Quälereien, die er zu erdulden hatte. Aber weil er den göttlichen Willen zu erfüllen hatte, ließ er sich auch nicht töten: Als er auf einer Missionsreise in China mit einigen seiner Begleiter gefangen wurde und erschossen werden sollte, blieb Onisabro Degutshi vollkommen ruhig. Auf ein von ihm gesprochenes Wort ließen die Soldaten die Gewehre fallen, und stürzten bewusstlos zu Boden. Selbst die an Grausamkeit gewöhnten Chinesen waren ergriffen von diesem Geschehen und ließen ihn ungehindert heimwärtsziehen.

In den Oomoto-Schriften findet sich der Satz: „Wenn Gott der Welt seine Macht zeigen wird, wird die Waffe der Wortmagie allem vorangehen." In der Bibel lesen wir: „Wenn Michael mutig aufstehen wird und befehlen wird, dann wird ihm alles gehorchen." Diese Sätze weisen hin auf das große Mittel, dessen sich Gott bedienen wird, um die Menschheit zurückzuführen, wenn die Zeit vollendet ist.

Onisabro Degutshi besitzt die volle Macht der „Wortseele" und nach seinem Willen beherrscht er die Erscheinungen der Natur durch ein von ihm gesprochenes Wort. Und es ist nicht mehr fern der Tag, an dem die ganze Menschheit seine Kraft sehen wird.

Und nun kommt dieser seltsame Meister in unser so überaus kluges und aufgeklärtes Zeitalter und wird in nicht sehr ferner Zeit Europa bereisend, auch durch unsere Länder eilen. Er wird der Welt zeigen, dass sie falsche Wege wandelt und umkehren muss, um dem gähnenden Rachen der Vernichtung zu entgehen."

Hierzu noch einige Bemerkungen: In einem anderen Falle, der gleichfalls

vor vielen Zeugen stattfand, wurde Onisabro Degutshi mit seinen Begleitern auf einer Reise von einem furchtbaren Sturm überrascht. Er sprach einige Worte in den Orkan hinein, worauf sich das Wetter um ihn und seine Gefährten herum augenblicklich aufheiterte, während es in nächster Nähe weitertobte.
Oomoto lehrt nun, dass der Mensch, Tiere, Bäume und Dinge nicht nur jeder auf einen bestimmten Ur-Ton abgestimmt sind, sondern dass sie Verkörperungen göttlicher Worte darstellen, während der japanische Hermetiker andererseits Worte als Wesenheiten (Götter) ansieht, sodass er nicht von Gedankenformen, sondern von Wortformen spricht, denen er noch weit stärkere Wirkungen zuschreibt (vgl. die „Quabbalah" von F. Bardon. Der Hrsg.).
Das Wort ist in der Tat ein großes Geheimnis; es ist etwas schöpferisches, denn es wirkt! Jedes magische Wort ist Tat und zwar das tausendfach achtlos hingesprochene Wort des Alltagsmenschen genau so, wie das bewusst gewählte, geisterfüllte Wort des Meisters – nur dass die Wirkung verschieden stark ist.
Alles Sichtbare ist durch das Wort aus dem Unsichtbaren gekommen; alles Gewordene war zuerst Gedanke und Wort, Wort des Göttlichen, Wort unsichtbarer Wesenheiten, die sich durch dasselbe lebende Erdenformen, Sinnen-Hüllen schufen, die heute allerdings mehr Gefängnisse denn Hilfsmittel zu größerer Verwirklichung sind. Auf Erden ist der Mensch das vollkommenste Wort Gottes; aber es gibt zweifellos nicht nur in den höheren Reichen des Seins, sondern auch auf astralen Ebenen und Sonnen vollkommenere Offenbarungen des göttlichen Wortes als der Mensch. Wesenheiten, die uns so überlegen sind, wie wir die niederen Tiere und Pflanzen an Bewusstheit überragen. Wesen der drei Dimensionen, die die Herrschaft über die Ebenen und Sphären durch das Wort verwirklichen, welche wir nicht einmal erahnen vermögen.
Seit jeher hat die Wortmagie in der praktischen Mystik eine bedeutende Rolle gespielt. In der Bibel ebenso wie in den heiligen Schriften anderer Kulturen finden wir Hinweise darauf. Die indischen Yogis sprechen von „Wortkraft", Mantra-Shakti (=Tantra): Sie verbinden Laut und Ton zum Mantram, zum „Kraftruf", um bestimmte spirituelle Energien zu lösen.
Im ersten Buch der Bibel heißt es: „Gott sprach ... und es ward." Wir sind Kinder Gottes und als solche Eigner aller Kräfte, die der Gottheit zugehören. Auch in uns schlummert die Kraft des „Wortes", und sie wird erwachen in dem Maße, als wir uns dem Göttlichen in uns entgegenwenden

und uns mit ihm vereinen. Diese Kraft des Wortes kann uns zum Meister unseres Lebens machen; wie ja schon Christus, der „Logos" – Logos heißt Wort – uns genügend seiner Macht über die Kräfte des Wortes gegeben hat. Er beruhigte die Wellen des Meeres, er gebot dem Sturm, er heilte die Kranken durch ein Wort. „Seine Worte waren voll Kraft", heißt es.

So sollen auch unsere Worte wieder voll Kraft werden. Novalis hat eine tiefe Erkenntnis ausgesprochen, wenn er sagt, dass „jedes Wort ein Wort der Beschwörung ist! Welcher Geist ruft, ein solcher erscheint!" Dank des in uns wohnenden göttlichen Geistes vermag ein jeder von uns, ein Vollbringer des Kototama, ein Meister des Wortes zu werden. Dazu ist nötig, dass wir das Alphabet der Wort-Mystik und -Magie erlernen (=Futhark) wozu der Hermetiker des Ostens sich der Methode des Tshinkon-Kishin bedient, der Hermetiker des Westens der Meditation.

Die magische Kraft des Wortes hängt nämlich von dem Geiste ab, mit dem wir es in der Meditation erfüllen. Wenn unsere Worte bewusst Worte des Edlen in uns werden, wird ihre Macht täglich wachsen. Legen wir darum hinfort in unsere „Worte" das Gewicht des Bewusstseins unserer Gotteskindschaft und der göttlichen Kräfte in uns, dann werden unsere Worte von selbst in der Meditation immer machtvoller, immer wesenhafter, immer beseelter, immer wirkungsreicher."

30. Über die Planeten-Ströme
H. S.

In diesem Aufsatz bringe ich einige Entsprechungen der Planeten zu den *„Weltenergien"* des Hermes Trismegistos, welche wir im vierten Band „Enthüllte Archive geheimer Wissenschaften" näher besprechen werden. Wir erwähnen ihn an dieser Stelle, da die Planeten-Ströme durch die Rit-Rune ins Dasein gerufen wurden.
Aber wenden wir uns nun den besonderen Entsprechungen der sieben Planeten zu:

Die 7 Erzengel als Herrscher der Ströme:

Zunächst die Entsprechungen der Erzengel zu den Planeten. Unter Erzengel kann man sich auch ein menschenähnliches Wesen vorstellen, tatsächlich bedeutet der Begriff „Engel", griechisch Angelos, aber „Bote". Ein Erzengel ist nichts anderes, als eine der 7 Ausstrahlungen der Ur-Drei-Einheit, also ein Kraftstrom von besonderer Art und mit besonderer Wirkung. Erzengel können daher kaum durch magische Mittel zitiert werden wie die Planetenwesen, die diese besondere Kraft der Erzengel aussenden. Man kann sie durchaus mit den Göttern über die verschiedenen Planten bezeichnen. Im Folgenden die bekannten Namen und Wirkungen dieser traditionellen Erzengel:
- Michael, König der Götter – Wahrheit, Licht. Er überwindet den Satan, setzt seinen Fuß aufs Haupt der Schlange und hütet den Weg zum Leben mit dem flammenden Schwert der Sonnenmacht. Analogien: Sonne, Sonntag, Gold, Edelstein: Karfunkel, Ton: H (do), Herz, rechtes Auge (vgl. das Auge des Horus); Tiere: Schwan, Seekalb, Löwe. – Licht, die Quelle alles Lebens.
- Gabriel, Fürst der Mysterien – Gedanke, Reflexion. Der große Initiator der Seele, schwanger vom Heiligen Geist. Analogien: Mond, Montag, Silber, Edelstein: Kristall, Ton: C (mi), linkes Auge, linker Fuß, Tiere: Nachteule, Seekatze. – Die Seele des Menschen.
- Raphael, Fürst der Wissenschaft – Redsamkeit, Intelligenz. Erhebt zum wahren Menschentum. Analogien: Merkur, Mittwoch,

Quecksilber, Edelstein: Achat, Ton: G (si), Mund, linke Hand, Tiere: Storch, Affe, Meeräsche. – Aktive Fähigkeit des Sichbewusst-Werdens, der Auffassung, des Urteils.
- Anael, Fürst über Leben und Tod – Liebe, Wille. Fürst des Astrallichts und zur Welt bringen des Empfangenen. Analogien: Venus, Freitag, Kupfer, Edelstein: Smaragd, Ton: D (re), Schamglied, linkes Nasenloch, Tiere: Taube, Bock. – Das Gefühl, die Liebe, das Empfinden, Frucht.
- Samiel, Fürst der Heerscharen – Gewalt, Streit. Assimiliert die feinsten Essenzen der Lebensschwingungen im Raum. Analogien: Mars, Dienstag, Eisen, Edelstein: Diamant, Ton: F (sol), rechte Hand, rechtes Nasenloch, Tiere: Geier, Hecht, Wolf. – Aktivität, Explosiv, Sexualtrieb.
- Sachiel, König der Könige – Macht, Stärke. Gerechtes Urteil, Objektivität, Lösen von Verwirrungen. Analogien: Jupiter, Donnerstag, Zinn, Edelstein: Saphir, Ton: E (fa), Kopf, linkes Ohr, Tiere: Adler, Delphin, Hirsch. – Wahrnehmung in jeglicher Hinsicht.
- Cassiel, Fürst des Todes und der Wiedergeburt – Zeit, Zerstörung, Regeneration. Reflexion des Astrallichts, Eremit, Vater Kronos. Analogien: Saturn, Samstag, Blei, Edelstein: Onyx, Ton: a (la), rechter Fuß, rechtes Ohr, Tiere: Wiedehopf, Tintenfisch, Maulwurf. – Offen für Inspirationen.

Die Zahl 7

Die Zahl 7 erscheint am Sternenhimmel und im gesamten belebten und unbelebten Kosmos in geradezu überwältigender Fülle. Hierzu nun einige interessante Analogien:
- Die 7 Töne einer Oktave
- Die 7 Farben des Sonnenspektrums
- Die 7 chemischen Elemente einer Periode
- Die 7 Elohim
- Die der Ur-Einheit entstrahlenden 7 schöpferischen Prinzipien

Die Zahl Sieben besitzt mannigfache Kräfte; sie besteht nämlich aus Eins und Sechs, oder aus Zwei und Fünf, oder Drei und Vier, und enthält die Einheit gleichsam als Bindemittel der gedoppelten Dreiheit. Wenn wir daher ihre einzelnen Teile und deren Verbindung betrachten, so werden wir ohne Zweifel gestehen, dass sie sowohl in Folge der Zusammensetzung ihrer Teile als in ihrer Ganzheit die Fülle aller Erhabenheit in sich fasse. Die Pythagoräer nennen sie das Vehikel des menschlichen Lebens, weil sie nicht sowohl aus ihren einzelnen Teilen empfängt, als vielmehr vermöge ihrer Ganzheit ihre Vollkommenheit erlangt. Sie umfasst nämlich Leib und Seele, denn der Leib besteht aus vier Elementen und wird von vier Eigenschaften bestimmt; die Dreiheit aber bezieht sich auf die Seele wegen ihres dreifachen Vermögens, des Verstandes, des Verabscheuungs- und Begehrungsvermögens. Die Zahl Sieben also, weil sie aus Drei und Vier besteht, verbindet die Seele mit dem Körper. Auch auf die Zeugung des Menschen bezieht sich ihre Kraft, denn sie bewirkt, dass der Mensch empfangen, gebildet, geboren und ernährt wird, dass er lebt und überhaupt besteht. Wenn nämlich der erzeugende Samen im weiblichen Schoße aufgenommen worden und derselbe in den ersten sieben Stunden nicht wieder abfließt, so ist anzunehmen, dass er Leben erweckt hat. In den nächsten sieben Tagen gerinnt er sodann zusammen, wird zur Annahme der menschlichen Gestalt geschickt und bringt nach sieben Monaten reife Kinder hervor, welche, wenn sie alsdann zur Welt kommen, Siebenmonatkinder genannt werden. Ob nach der Geburt ein Kind fortleben werde, entscheidet die siebente Stunde; denn wenn es über diese Zeit hinaus das Einatmen der Luft erträgt, so wird es als zum Leben geboren betrachtet. Nach sieben Tagen wirft das Kind die Überreste der Nabelschnur ab; nach zweimal sieben fangen seine Augen an sich nach dem Lichte zu bewegen; nach dreimal sieben wendet es die Augen und das ganze Gesicht schon frei herum; nach sieben Monaten beginnt das Zahnen; nach weiteren sieben Monaten sitzt es ohne Furcht zu fallen; nach dreimal sieben Monaten beginnt es zu sprechen; nach viermal sieben Monaten steht es fest auf seinen Füßen und geht; nach fünfmal sieben Monaten fängt es an, die Milch der Amme zu verschmähen; nach sieben Jahren fallen ihm die ersten Zähne aus, und andere, für feste Nahrung geeignetere, wachsen nach; auch lernt es in dieser Zeit vollkommen sprechen. Nach zweimal sieben Jahren fangen die Knaben an, mannbar zu werden, und die Zeugungskraft stellt sich ein; dreimal sieben Jahre lang wächst der Mensch in die Länge, der erste Bart kommt während dieser Zeit zum Vorschein und die Zeugungskraft erstarkt. Bis zu viermal sieben Jahren wächst der Mensch in die Breite, und er wird von da an nicht mehr größer. Nach fünfmal sieben Jahren hat er den Gipfel seiner Kraft und Stärke erreicht, welche ihm auch in den nächsten sieben Jahren verbleibt. Mit siebenmal sieben Jahren hat auch sein Verstand seine höchste Reife erlangt und er ist jetzt ein durchaus vollkommener Mann. Mit zehnmal sieben Jahren endlich, wenn die Sieben durch die ganze Zahlenreihe hindurchgegangen, ist das gemeinschaftliche Lebensziel da, wie der Prophet sagt: Unser Leben währet siebenzig Jahre. Die größte Länge, welche der Mensch erreicht, ist sieben Fuß. Sieben sind der Stufen im menschlichen Körper, welche ihn seiner ganzen Größe nach von unten bis oben ausfüllen, nämlich Mark, Knochen, Nerven, Venen, Arterien, Fleisch, Haut. Sieben Glieder gibt es, die von den Griechen schwarze genannt wurden, Zunge, Herz, Lunge, Leber, Milz und beide Nieren. Sieben Hauptteile hat der Körper, und zwar Kopf, Brust, Hände, Füße, Scham. Ferner ist bekannt, dass ohne Atem das Leben nicht über sieben Stunden gebracht werden kann, und dass die, welchen der Hungertod bestimmt ist, den siebenten Tag nicht überleben. Auch die Venen und Arterien richten sich, wie die Ärzte lehren, nach der Zahl Sieben. In Krankheiten gehören je die siebenten Tage, die deshalb von den Ärzten die kritischen genannt werden, zu den entscheidenden Zeitpunkten. Aus sieben Teilen erschafft Gott die Seele, wie der göttliche Plato im Timäus lehrt, und in der Zahl Sieben nimmt auch die Seele den Körper an. Bis zur siebenten Stufe reicht jede Verschiedenheit der Stimmen, worauf es in derselben Weise wieder zurückgeht. Ferner gibt es sieben Modulationen der Stimme selbst, nämlich große Terz, Halbterz, Quarte, Quinte mit einem Ton, Quinte mit einem halben Ton und Oktave. Auch in himmlischen Dingen besitzt die Zahl Sieben die höchste Macht, denn da die vier Himmelsecken einander diametral gegenüber stehen, was als der vollkommenste und mächtigste Aspekt betrachtet wird, so wird dadurch ein Kreuz gebildet, die gewaltigste aller Figuren, worüber wir später sprechen werden. Bekanntlich steht die Zahl Sieben in sehr inniger Beziehung zu dem Kreuze. In ähnlicher Weise und in derselben Zahl ist die Sonnenwende zu Anfang des Sommers von der zu Anfang des Winters und die Herbstnachtgleiche von der Frühlingsnachtgleiche entfernt, was alles durch sieben Zeichen geschieht. Überdies sind am Himmel sieben Kreise, nach der Länge der Achse; ferner sieben größere und kleinere Sterne um den Nordpol; desgleichen sieben Sterne, die man das Siebengestirn oder Plejaden nennt; und endlich sieben Planeten, denen zufolge sieben Tage eine Woche ausmachen. Auch der Mond, der siebente und uns nächste von den Planeten, richtet sich nach dieser Zahl, mehr als die übrigen, denn diese Zahl ordnet seine Bewegung und sein Licht. In achtundzwanzig Tagen durchläuft er den Zirkel des ganzen Tierkreises, welche Zahl die Zahl Sieben in viermal sieben Tagen ausfüllt. Ebenfalls nach der Zahl Sieben richtet sich nach einem ewigen Gesetze der Lichtwechsel des Mondes; denn in den ersten sieben Tagen wächst er bis zur Hälfte, einem geteilten Kreise gleichend; in den zweiten sieben Tagen füllt sich seine Scheibe vollständig mit Licht; in den dritten sieben nimmt er ab und bekommt wiederum die Gestalt eines geteilten Kreises; zu Ende der vierten sieben Tage aber wird sein Licht nach völligem Verschwinden wieder erneuert. Ebenfalls nach der Zahl Sieben leitet der Mond das Wachstum und die Abnahme des Meeres; denn in den ersten sieben Tagen des zunehmenden Mondes wird das Meer allmählich kleiner; in den zweiten sieben nimmt es stufenweise zu; in den dritten verhält es sich wie in den ersten und in den vierten wie in den zweiten. Die Zahl Sieben wird ferner dem Saturn zugeteilt, der von unten gezählt, der siebente Planet ist, er bedeutet Ruhe; ihm ist der siebente Tag geweiht, und er wird das siebente Jahrtausend richten, in welchem (nach dem Zeugnisse des Johannes), wenn der Drache oder der Teufel, der Urheber alles Übels, in Banden geschlagen ist, die Sterblichen ruhen und ein friedliches Leben führen werden. Sieben heißt bei den Pythagoräern auch die Zahl der Jungfrauschaft, denn sie ist die erste Zahl, die weder erzeugt wird, noch erzeugt; sie kann nämlich nicht in zwei gleiche Teile geteilt werden, so dass sie aus einer mehrfach genommenen Zahl entstehen kann, und ebenso wenig geht aus ihrer Verdopplung eine Zahl hervor, die innerhalb der Grenzen der ersten zehn sich befindet, denn die Zahl Zehn ist die Grenze der Zahlen. Aus diesem Grunde weihten die Pythagoräer die Zahl Sieben der Pallas. Auch in der Religion wird ihr die höchste Verehrung gezollt, und sie heißt die Zahl des Eides. Daher heißt das Schwören bei den Hebräern Siebenen, gleichsam etwas bei der Zahl Sieben bezeugen. So bestimmte Abraham, als er einen Bund mit Abimelech schloss, sieben Lämmer zum Zeugnisse. Ferner heißt sie die Zahl der Glückseligkeit und der Ruhe, woher der Ausdruck: O drei- und viermal Beglückte! nämlich in Bezug auf Seele und Leib. Am siebenten Tage ruhte der Schöpfer von seinem Werke, weshalb dieser Tag bei Moses Sabbat heißt, d. i. Ruhetag. Auch Christus ruhte am siebenten Tage im Grabe. Wie schon eben bemerkt wurde, steht diese Zahl zu dem Kreuze, sowie zu Christus selbst in sehr naher Beziehung. Auf Christus beruht unsere Seligkeit, unsere Ruhe und Glück. Überdies ist die Zahl Sieben für Reinigungen sehr geeignet. Daher sagt Apulejus: Um mich schnell zu reinigen, bade ich im Meer und tauche siebenmal den Kopf unter die Wellen. Auch der Aussätzige wurde nach dem Gesetz zu seiner Reinigung siebenmal mit dem Blute eines Sperlings besprengt, und der Prophet Elisa sagt, wie im vierten Buch der Könige geschrieben steht, zu einem Aussätzigen: Gehe hin und wasche dich siebenmal im Jordan, so wird dein Fleisch wieder erstattet und rein werden. Und bald darauf heißt es: Und er taufte sich siebenmal im Jordan, wie der Mann Gottes gepredigt hatte, und ward rein. Ferner ist es die Zahl der Buße und Erlassung. Daher wurde nach dem Ausspruche des Weisen, der da sagte: Und über den Sünder das Siebenfache, für jede Sünde eine siebenjährige Buße festgesetzt. Jedes siebente Jahr war ein Erlassjahr, und nach viermal sieben Jahren wurde vollständiger Nachlass gewährt, wie im Levitikus zu lesen. In sieben Bitten fasste Christus sein Gebet für unsere Erlösung. Die Zahl Sieben heißt auch die Zahl der Freiheit, denn nach sieben Jahren konnte der hebräische Knecht seine Freiheit ansprechen. Ganz vorzüglich eignet sie sich ferner für die Lobpreisung Gottes, weshalb der Prophet sagt: Siebenmal des Tages habe ich dir Lob gesagt für die Urteile deiner Gerechtigkeit…Auch die Zahl der Rache wird sie genannt, wie aus den Worten der heiligen Schrift erhellt: Siebenfach soll Kain gebrochen werden, und wie der Psalmist sagt: Vergilt unsern Nachbarn siebenfaltig in ihrem Busen ihre Schmach. So spricht Salomo von sieben Bosheiten, und von sieben bösen Geistern liest man im Evangelium. Ferner bezeichnet die Zahl Sieben die gegenwärtige Zeit, die einen Kreis von sieben Tagen durchläuft. Auch dem heiligen Geiste ist sie geweiht, den der Prophet Jesaias nach seinen Gaben als siebenfach schildert, nämlich als den Geist der Weisheit und des Verstandes, als den Geist des Rates und der Stärke, als den Geist der Erkenntnis und der Furcht des Herrn. Bei Zacharias lesen wir von sieben Augen Gottes; sieben englische Geister stehen nach Tobias vor dem Angesichte Gottes; sieben brennende Fackeln sah Johannes vor dem Throne Gottes, und sieben goldene Leuchter, und mitten unter den sieben Leuchtern einen, der war eines Menschen Sohne gleich und hatte sieben Sterne in seiner rechten Hand. Auch waren sieben Geister vor Gottes Thron, und sieben Engel standen vor dem Herrn, und es wurden ihnen sieben Posaunen gegeben. Johannes sah ferner ein Lamm mit sieben Hörnern und sieben Augen, desgleichen ein Buch mit sieben Siegeln versiegelt, und als das siebente Siegel geöffnet wurde, entstand eine Stille in dem Himmel. Aus allem bisher Angeführten erhellt, dass die Zahl Sieben mit Recht als die wirksamste unter allen Zahlen bezeichnet werden darf. Überdies steht dieselbe auch in enger Beziehung zu der Zahl Zwölf, denn gleich wie Drei und Vier Sieben ausmachen, so entsteht aus dreimal Vier

Zwölf, welche beide die von derselben Wurzel ausgehenden Zahlen der Planeten und Himmelszeichen sind und durch die Zahl Drei an der Gottheit, durch die Zahl Vier aber an den unteren Dingen teilnehmen. In der heiligen Schrift wird diese Zahl vor allen anderen beachtet und groß und vielfach sind ihre Mysterien, deren wir mehrere hier anführen wollen, aus denen sich leicht ergeben wird, dass die Zahl Sieben eine gewisse Fülle der heiligen Geheimnisse bezeichnet. Im 1. Buch Mosis lesen wir, dass der Herr am siebenten Tage ruhte, dass Adams siebenter Nachkomme, Enoch, ein frommer und heiliger Mann, ein anderer siebenter Nachkomme aber, Lamech, ein nichtswürdiger Mann war, der zwei Weiber hatte. Im siebenten Geschlechte wurde Kains Sünde getilgt, wie geschrieben steht: Siebenfach werde Kain gestraft, und wer Kain totschlägt, der soll siebenfach gebrochen werden, wozu der Geschichtschreiber bemerkt, dass der Sünden Kains sieben gewesen seien. Je sieben und sieben aus allem reinen Tieren, gleichwie von den Vögeln, wurden in die Arche Noahs aufgenommen, worauf der Herr sieben Tage lang über die Erde regnen, am siebenten Tage alle Brunnen der Tiefe hervorbrechen und das Wasser die Erde überschwemmen ließ. Sieben Lämmer gab Abraham dem Abimelech; sieben Jahre diente Jakob um Lea und sieben weitere um Rachel; sieben Tage betrauerte das Volk Israel den Tod Jakobs. Ferner lesen wir von sieben Kühen und sieben Ähren, von sieben fruchtbaren und sieben unfruchtbaren Jahren. Im zweiten Buch Mosis wird der siebente Tag als der Sabbat, als der dem Herrn geheiligte Ruhetag festgesetzt, weil der Herr am siebenten Tage von seinem Werke geruht hat. Am siebenten Tage hörte Moses auf zu beten. Am siebenten Tage soll das Fest des Herrn stattfinden; im siebenten Jahre soll der Knecht frei ausgehen; sieben Tage lang soll das Kalb und das Lamm bei seiner Mutter bleiben; im siebenten Jahr soll der Boden, der sechs Jahre angebaut wurde, ruhen; der siebente Tag soll der heilige Sabbat sein und ein Ruhetag; und weil er der Sabbat ist, deshalb soll man ihn heilig nennen. Auch nach dem 3. Buch Mosis soll der siebente Tag der heilige und gefeierte sein, und der erste Tag des siebenten Monats der Sabbat des Gedächtnisses. Sieben Tage lang sollen Brandopfer gebracht, sieben Tage das Fest des Herrn gefeiert werden, und sollt also dem Herrn des Jahres das Fest halten sieben Tage; das soll ein ewiges Recht sein bei euern Nachkommen, dass sie im siebenten Monat also feiern. Sieben Tage sollt ihr in Laubhütten wohnen; mit seinem Finger soll der Priester in das Blut vom Farren (Rind) tunken, und siebenmal sprengen vor dem Herrn; und besprengen den, der vom Aussatz zu reinigen ist, siebenmal mit dem

Blut eines Vogels; siebenmal bade sich in fließendem Wasser, wer am Blutfluss leidet; sieben mal will ich euch strafen um eurer Sünde. Nach dem 5. Buch Mosis hatten sieben Völkerschaften das Land der Verheißung inne. Auch liest man daselbst von dem siebenten, oder dem Erlassjahr, und von den sieben Lampen der gegen Süden aufgestellten Armleuchter. Im 4. Buch Mosis lesen wir, wie die Kinder Israel sieben fleckenlose Lämmer zum Opfer brachten, wie sie sieben Tage lang ungesäuertes Brot aßen, wie durch sieben Lämmer und einen Bock die Sünde gesühnt wurde; wie der siebente Tag der gefeierte und heilige, wie der erste Tag des siebenten Monats vornehmlich ehrwürdig und heilig und wie im siebenten Monat das Laubhüttenfest war; wie Bileam sieben Altäre errichtete und sieben Kälber am siebenten Tage opferte. Sieben Tage lang ging Maria, die aussätzige Schwester Aarons aus dem Lager. Sieben Tage ist unrein, wer einen Leichnam berührt. Nach dem Buche Josua trugen sieben Priester die Bundeslade vor Jericho, sieben Tage lang zogen sie um die Stadt, und am siebenten Tage posaunten sieben Priester. Nach dem Buche der Richter regierte Abessa sieben Jahre lang über Israel; Simson machte sieben Tage Hochzeit; am siebenten gab er seinem Weibe ein Rätsel auf; mit sieben aus Sehnen geflochtenen Stricken und mit sieben Haaren seines Hauptes wurde er gebunden. Sieben Jahre lang waren die Kinder Israel durch den König von Midian unterdrückt. Nach dem Buche der Könige sprach Elias siebenmal zu dem Knaben: Gehe hinauf und schaue zum Meere zu, und im siebenten Mal sprach dieser: Siehe, es geht eine kleine Wolke aus dem Meere. Sieben Tage lang bereiteten die Kinder Israel sich zur Schlacht, und am siebenten Tage begann der Kampf. Mit siebenjähriger Hungersnot wurde David wegen der Sünde der Volkszählung bedroht; siebenmal gähnte der von Elisa wieder ins Leben gerufene Knabe; sieben Männer wurden in den Tagen der ersten Ernte gekreuzigt; durch siebenmaliges Waschen im Jordan wurde Naeman von Elisa geheilt; im siebenten Monate wurde Goliath getötet. Im Buch der Chronik lesen wir, dass im siebenten Monat der Grund zum Tempel gelegt war; im Buch Esther ist von sieben Verschnittenen des Perserkönigs die Rede, bei Tobias von sieben mit Sarah, der Tochter Raguels, verheirateten Männern; und wie es bei dem Propheten Daniel heißt, wurde der Ofen Nebukadnezars siebenmal heißer gemacht als gewöhnlich; sieben Löwen waren in der Grube, und am siebenten Tage kam Nebukadnezar. Im Buche Hiob lesen wir von sieben Söhnen Hiobs; sieben Tage und Nächte saßen seine Freunde bei ihm auf der Erde, und zum siebenten Male, heißt es daselbst, wird dich das Übel nicht berühren. Im

Buch Esra ist die Rede von sieben Jahreswochen, von sieben Räten des Artaxerxes, vom Erschallen der Posaunen im siebenten Monat; im siebenten Monat wurde unter Esra das Laubhüttenfest gefeiert, da die Kinder Israel in Städten wohnten; und am ersten Tage des siebenten Monats las Esra dem Volke das Gesetz vor. In den Psalmen preist David siebenmal des Tages den Herrn; Silber wird siebenfach geläutert; siebenfaltig wird unsern Nachbarn in ihrem Busen ihre Schmach vergolten. Und Salomo sagt: Die Weisheit baute ihr Haus und hieb sieben Säulen; sieben Männer sprachen weise Sprüche; sieben Dinge sind ein Greuel vor dem Herrn; sieben Bosheiten sind im Herzen des Feindes; sieben sind der vorsichtigen und sieben der törichten Augen. Jesaias zählt sieben Gaben des heiligen Geistes auf und spricht von sieben Weibern, die nach einem Manne greifen; bei Jeremias lesen wir von sieben Begierden des weiblichen Gemütes, und dass die, so sieben Kinder hat, soll elend sein und von Herzen seufzen. Sieben Tage lang trauerte der Prophet Ezechiel. Bei Zacharias ist von sieben Lampen und je sieben Kellen an einem Leuchter die Rede, ferner von sieben Augen, welche über die ganze Erde hinblicken, von sieben Augen auf einem Steine, und dass das Fasten am siebenten Tage in Freude verwandelt wurde. Micha spricht von sieben Hirten, die über die Assyrer erweckt wurden. In den Evangelien lesen wir von sieben Seligkeiten, sieben Tugenden, denen sieben Laster entgegengestellt werden, von den sieben Bitten des Gebets des Herrn, von den sieben Worten Christi am Kreuze, von sieben Worten der seligen Jungfrau Maria, von sieben Broten, die der Herr austeilen ließ, von sieben Körben voll übriggebliebener Brocken, von sieben Brüdern, die ein Weib hatten, von sieben Jüngern des Herrn, welche fischten, von sieben Krügen bei der Hochzeit zu Kana in Galiläa, von sieben Weherufen, die der Herr über die Heuchler aussprach, von sieben aus der Sünderin ausgetriebenen Teufeln und von sieben noch schlimmeren bösen Geistern, die der ausgetriebene zu sich nimmt. Sieben Jahre lang war Christus flüchtig in Ägypten. In der siebenten Stunde verließ den Königssohn das Fieber. Ferner beschreibt in den kanonischen Briefen Jakobus sieben Grade der Weisheit, und Petrus sieben Grade der Tugenden. Die Apostelgeschichte spricht von sieben Diakonen und sieben von den Aposteln erwählten Schülern. In der Offenbarung Johannis kommen gleichfalls viele Mysterien dieser Zahl vor; denn man liest daselbst von sieben Leuchtern, sieben Sternen, sieben Kronen, sieben Kirchen, sieben Geistern vor dem Throne, sieben Flüssen Ägyptens, sieben Siegeln, sieben Hörnern, sieben Augen, sieben Geistern Gottes, sieben

Engeln mit sieben Posaunen, sieben Köpfen des Drachen; ferner von sieben Plagen, sieben Schalen, welche die sieben Engel trugen, sieben Köpfen des scharlachroten Tieres, sieben Bergen und sieben auf denselben sitzenden Königen, deren Stimmen sieben Donner sind. Außerdem besitzt diese Zahl noch viele Kräfte, sowohl in natürlichen als in heiligen Dingen, bei Zeremonien, wie bei vielem andern; hierher gehören die sieben Tage, die sieben Planeten, die sieben Plejaden, die sieben Weltalter, die sieben Veränderungen des Menschen, die sieben freien, die sieben mechanischen und die sieben verbotenen Künste, die sieben Farben, die sieben Metalle, die sieben Öffnungen am Kopfe des Menschen, die sieben Nervenpaare, die sieben Hügel Roms, die sieben Könige der Römer, die sieben Bürgerkriege, die sieben Weisen zur Zeit des Propheten Jeremias, die sieben Weisen Griechenlands. Sieben Tage lang brannte Rom unter Nero. Von sieben Königen wurden zehntausend Märtyrer getötet. Von sieben Schläfern erzählt die Legende, sieben Hauptkirchen sind in Rom, sieben Klöster erbaute Gregorius, sieben Söhne gebar die heilige Felicitas. Sieben Kurfürsten hat das Reich, sieben feierliche Akte kommen bei der Kaiserkrönung vor, sieben Zeugen verlangen die Gesetze bei einem Testament, sieben sind der bürgerlichen und sieben der kanonischen Strafen. Siebenmal grüßt der Priester in der Messe, sieben Sakramente und sieben geistliche Weihen gibt es, und ein Knabe mit sieben Jahren kann die niedere Weihe und eine Sinekure-Pfründe erhalten. Sieben sind der Bußpsalmen und sieben der Gebote der zweiten Tafel; sieben Stunden waren Adam und Eva im Paradiese, sieben Männer wurden vor ihrer Geburt von einem Engel verkündigt, nämlich Ismael, Isaak, Simson, Jeremias, Johannes der Täufer, Jakobus, der Bruder des Herrn, und Jesus Christus. Kurz, die Zahl Sieben ist sowohl im Guten als im Bösen die mächtigste unter allen Zahlen. Schon im grauesten Altertum sang der Dichter Linus von derselben:

> Als der siebente Tag erschien, ward alles vollendet
> Von dem allmächtigen Vater, weshalb die Guten ihn feiern;
> Auch ist die siebente Zahl von allen Dingen der Ursprung
> Und vollkommen vor allem, sowie die Siebenmalsieben.
> Sieben ist daher auch die Zahl der wandelnden Sterne,
> Die sich in ewigen Kreisen am hohen Himmel bewegen.

Letzteres ist die Ur-Wirkung der Zahl 7. Da somit die allererste Regung der

Schöpferkraft eine siebenfache ist, ist es verständlich, dass diese Siebenzahl überall und in allem Geschaffenen wirksam sein muss.

31. Das Ur-Alphabet
H. S.

"Jede neue Entdeckung sowohl in wissenschaftlichen Gebieten als außerhalb derselben liegt vor unserer Tür; man darf nur über die Schwelle schreiten den Fund aufzuheben!", beginnt das Buch „Die Ur-Religon oder das entdeckte Ur-Alphabet" von Studach. Dies ist wirklich so!
Mit diesem Aufsatz will ich nur kurz auf die Mythologie der Schöpferbuchstaben und deren kosmischen Entsprechungen eingehen. Wer sich näher damit befassen möchte, dem empfehle ich das Buch „Die Ur-Religion...", in dem sowohl Mythenlieder als Götternamen, Runen, Alphabete, Zahlen und Zahlennamen in inniger Verbindung zueinander stehen, und dies auf gleiche Weise nicht nur bei den Germanen, sondern allen Völkern der Erde aufgezeichnet wurden! Diese Götter-Namen enthalten die vollständige Religionslehre der vorchristlichen Germanen (Arier als Urvolk) in Asien und Europa und besagen dasselbe, was die Eddalieder, die Runen und das Alphabet gemeinsam haben. Die Zahlennamen sind alle mythologisch wie z. B. dass die Zahl „Eins" dem Wort Madr entspricht, wenn man es aus runischer Sicht betrachtet. Dieses Wort steht in Verbindung mit der Man-Rune und den Zahlenwert 1 und 15. Verwandtschaftliche Beziehungen hat es zu Isis, die auch Mouth, Methyer (Athyer), Metera, Mutter, Mithra, der germanische Myötudur oder auch chaldäisch Mar-acca genannt wird. Mit jedem Namen verbinden sich gewisse Ideen. Deswegen gehören runologisch materia, sanskr. Matra, dann matran, metre, jenes Maß von sieben Schuh, die Länge des Osiris, nach welchem lat. Mas = Mann ist usw., welches dem übermenschlichen Siebner = sieben Manus der Inder, die Schöpfer der Welt und der Menschen, der Man, der mannweiblichen Madr, der Eins entspricht!
Eine weitere Verbindung zwischen einzelnen Religionen ist die Aufteilung der Menschen in vier Stände (=Elemente) und in sieben Klassen, was bei allen Völkern dasselbe ist. Alle haben 4 Alter und mit Einschluss der Nornen (=drei) sieben Kategorien. Und 4 x 7 = 21, die Anzahl der Tarot-Karten, welche runisch erschlossen werden kann.
Dies alles drückt die gigantische Größe der einzelnen Buchstaben mit ihren zahlreichen Analogien aus, die den gesamten Kosmos umfassen. Daraus ist ersichtlich, dass man durch die Hilfe der Runen in der Lage ist, alle Wissenschaften, Philosophien, System und Religionen in ihrer Quintessenz

zu erfassen und zu begreifen. Man wird wahrlich zur 21, zum Herrn des Kosmos!

32. Sepher Jezirah

Der folgende Text, welcher Meister Arion mehrmals in seinem dritten Werk erwähnte, behandelt gleichzeitig die theoretische Grundlage im Orden des „Golden Dawn". Ich zitiere ihn deshalb, weil er viele Analogien vorzuweisen hat, genauso wie die „Quabbalah" von Franz Bardon, welche dem Hermetiker hilfreich in seiner Entwicklung dienen kann.

Erster Abschnitt

I

In zweiunddreissig verborgenen Bahnen der Weisheit zeichnete Jah JHVH Zabaoth, der Gott Israels, der lebendige Gott und König der Welt, der allmächtige, barmherzige und gnädige Gott, hoch und erhaben ist er und ewig wohnend in der Höhe, heilig ist sein Name, erhaben und heilig ist er. Er schuf seine Welt durch drei Zahlprinzipien: Zahl, Zähler und Gezähltes.

II

Zehn Zahlen ohne etwas und zweiundzwanzig Grundbuchstaben: drei Mütter, sieben doppelte und zwölf einfache.

III

Zehn Zahlen ohne etwas, entsprechend den zehn Fingern, fünf gegenüber fünf und das einzige Bündniszeichen in der Mitte: das Wort an der Zunge und die Beschneidung.

IV

Zehn Zahlen ohne etwas, zehn und nicht neun, zehn und nicht elf, verstehe mit Weisheit und erkenne mit Einsicht, prüfe durch sie und erforsche von ihnen, wisse, rechne und zeichne. Stelle die Sache in ihre Klarheit und setze den Bildner auf seine Stätte, denn er ist der einzige Schöpfer und Bildner und nicht gibt es einen außer ihm. Seine Attribute sind zehn und haben keine Grenze.

V

Zehn Zahlen ohne etwas, ihr Maß ist zehn, sind aber grenzenlos. (Es gibt) eine Dimension des Anfangs und Dimension des Endes, Dimension des Guten und Dimension des Bösen, Dimension der Höhe und Dimension der Tiefe, Dimension des Ostens und Dimension des Westens, Dimension des Nordens und Dimension des Südens und ein einziger Herr, Gott der treue König herrscht über sie alle in seiner heiligen Wohnung bis in alle Ewigkeit.

VI

Zehn Zahlen ohne etwas, ihr Aussehen wie die Erscheinung des Blitzes, ihr Ziel ist endlos, sein Wort ist in ihnen im Hin- und Herlaufen und auf seinen Befehl eilen sie wie ein Sturmwind und vor seinen Thron werfen sie sich nieder. (Ez. 1. 14)

VII

Zehn Zahlen ohne etwas, ihr Ende schließt sich an ihren Anfang und ebenso ihr Anfang in ihrem Ende, wie die Flamme an die Kohle gebunden ist. Wisse, rechne und zeichne, einzig ist der Herr und einzig ist der Bildner und hat keinen zweiten. Welche Zahl kannst du nennen vor der Eins?

VIII

Zehn Zahlen ohne etwas, verschließe deinen Mund, dass er nicht rede und dein Herz, dass es nicht denke und wenn dein Mund zu sprechen und dein Herz zu denken beginnt, so kehre wieder zum Ausgangspunkt zurück. Denn deswegen heißt es: um dieser Sache willen ist ein Bündnis geschlossen.

IX

Zehn Zahlen ohne etwas. Eins, der Geist des lebendigen Gottes, bereitet ist sein Thron seit jeher, gesegnet und gepriesen sei sein Name, der da in alle Ewigkeiten lebt, ewig und immerdar, Stimme, Geist und Wort. Dies ist der Geist des Heiligen, sein Anfang hat keinen Beginn und sein Ende hat keine Grenze.

X

Zwei, Luft aus Geist, er zeichnete und hieb darin zweiundzwanzig Grundbuchstaben: drei Mütter, sieben doppelte und zwölf einfache und jeder von ihnen ist Geist.

XI

Drei, Wasser aus Geist, er zeichnete und hieb darin zweiundzwanzig Buchstaben aus Wüste, Leere, Schlamm und Lehm. Er zeichnete sie nach Art eines Beets, er meißelte sie nach Art einer Mauer, er bedeckte sie nach Art eines Baues, er goss über sie Schnee, und es wurde daraus Erde, denn so heißt es: Er sagte zum Schnee: Werde Erde!

XII

Vier, Feuer aus Geist und er zeichnete und schnitt daraus den Thron, die Auphanim und Seraphim, die heiligen Tiere und die Dienstengel. (Und über ihnen gründete er seinen Wohnsitz, denn so heißt es: Er macht seine Engel aus Geistern und seine Diener aus Feuerflammen.)

XIII

Er wählte drei Buchstaben von den einfachen (ein Geheimnis der drei Mütter Aleph, Mem und Shin) und setzte sie in seinen großen Namen und versiegelte mit ihnen sechs Enden.
Fünf, er versiegelte die Höhe, wandte sich aufwärts und versiegelte sie mit J H V.
Sechs, er versiegelte die Tiefe, wandte sich nach unten und versiegelte sie mit J V H.
Sieben, er versiegelte den Osten, wandte sich nach vorn und versiegelte ihn mit H J V.
Acht, er versiegelte den Westen, wandte sich nach hinten und versiegelte ihn mit V H J.
Neun, er versiegelte den Süden, wandte sich nach rechts und versiegelte ihn mit V J H.
Zehn, er versiegelte den Norden, wandte sich nach links und versiegelte ihn mit H V J.

XIV

Diese sind die zehn Zahlen ohne etwas: der Geist des lebendigen Gottes, Luft, Wasser, Höhe, Tiefe, Osten, Westen, Norden und Süden.

Zweiter Abschnitt

I

Zweiundzwanzig Grundbuchstaben: drei Mütter, sieben doppelte und zwölf einfache. Drei Mütter Aleph, Mem und Shin. Ihr Grund: die Waagschale der Seligkeit und die Waagschale der Schuld, und die Zunge ist eine schwankende Satzung zwischen beiden. (Drei Mütter Aleph, Mem und Shin. Mem ist schweigend, Shin zischend und Aleph schwankend zwischen beiden.

II

Zweiundzwanzig Buchstaben: er zeichnete sie, er hieb sie, er läuterte sie, er wog sie, und er wechselte sie einen jeden mit allen. Er bildete durch sie die ganze Schöpfung und alles, was geschaffen werden sollte.

III

Zweiundzwanzig Grundbuchstaben: (drei Mütter, sieben doppelte und zwölf einfache) sie sind gezeichnet in der Stimme, gehauen im Geiste und geheftet im Munde, an fünf Orten, am Halse, am Gaumen, an der Zunge, an den Zähnen, an den Lippen.

IV

Zweiundzwanzig Grundbuchstaben: sie sind in der Art einer Mauer im Kreis gebettet, an zweihunderteinunddreissig Pforten (Buchstabenkombinationen). Es dreht sich der Kreis vorwärts und dies bedeutet dann Glück oder rückwärts und dies bedeutet dann das Gegenteil. Wie verband, wog und versetzte er sie? Aleph mit allen und alle mit Aleph, Beth mit allen und alle mit Beth, Gimmel mit allen und alle mit Gimmel und sie alle wenden sich rückwärts. So ergibt es sich, dass sie durch zweihunderteinunddreissig Pforten hinausgehen und so findet es sich, dass die ganze Schöpfung und die ganze Sprache aus einem Namen hervorgeht.

VI

Er schuf aus Leere etwas und machte das Nichtssein zu einem Seienden und er hieb große Säulen aus unfassbarer Luft. Dies ist das Zeichen: Er schaute, redete und machte die ganze Schöpfung und alle Dinge durch einen Namen, dessen Zeichen sind zweiundzwanzig Gegenstände in einem Körper.

Dritter Abschnitt

I

Drei Mütter Aleph, Mem und Shin, ihr Grund ist eine Waagschale der Seligkeit (Shin) und eine Waagschale der Schuld (Mem), und die Zunge ist schwankende Satzung zwischen ihnen (Aleph).

II

Drei Mütter Aleph, Mem und Shin. Dies ist ein großes, verborgenes und verhülltes (und prächtiges) Geheimnis, versiegelt mit sechs Siegelringen und aus diesen kamen Luft, Wasser und Feuer hervor. Von ihnen wurden Väter geboren und von den Vätern Generationen (wisse, rechne und zeichne, dass Wasser das Feuer trägt.)

III

Drei Mütter Aleph, Mem und Shin. Er zeichnete, hieb, läuterte, wog und versetzte sie und er schuf durch sie drei Mütter auf der Welt, drei Mütter im Jahre und drei Mütter im Körper, männlich und weiblich.

IV

Drei Mütter Aleph, Mem und Shin (Luft, Wasser, Feuer). Die Erzeugung des Himmels ist das Feuer, die Erzeugung der Luft ist der Wind, und die Erzeugung der Erde ist das Wasser. Das Feuer oben, das Wasser unten, und die Luft ist eine schwankende Satzung zwischen beiden (aus ihnen entstanden Väter, und aus ihnen wurde alles geschaffen).

V

Drei Mütter Aleph, Mem und Shin auf der Welt: Luft, Wasser und Feuer. Der Himmel wurde zu Beginn aus Feuer geschaffen, die Erde aus Wasser und die Luft aus dem Wind, die schwankt zwischen beiden.

VI

Drei Mütter Aleph, Mem und Shin im Jahre; Kälte, Wärme und das Gemäßigte, die Wärme wurde aus dem Feuer geschaffen, Kälte aus dem Wasser und das Gemäßigte aus dem Wind, das da schwankt zwischen beiden.

VII

Drei Mütter im Körper: Kopf, Bauch (Unterleib) und Brust. Der Kopf wurde aus dem Feuer geschaffen, der Bauch (Unterleib) aus dem Wasser und die Brust aus der Luft, die da zwischen beiden schwankt.

VIII

Er ließ herrschen den Buchstaben Aleph im Wind, band ihm eine Krone um und verschmolz sie miteinander. Er schuf dadurch die Luft auf der Welt, das Gemäßigte im Jahr und die Brust im Menschen, (männlich durch Aleph, Mem, Shin und weiblich durch Aleph, Shin, Mem).

IX

Er ließ herrschen den Buchstaben Mem im Wasser, band ihm eine Krone um und verschmolz sie miteinander. Er schuf dadurch die Erde auf der Welt, die Kälte im Jahr und den Bauch (Unterleib) im Menschen, (männlich durch Mem, Aleph, Shin und weiblich durch Mem, Shin, Aleph).

X

Er ließ herrschen den Buchstaben Shin im Feuer, band ihm eine Krone um und verschmolz sie miteinander. Er schuf dadurch den Himmel auf der Welt, die Wärme im Jahr und den Kopf im Menschen, (männlich durch Shin, Aleph, Mem und weiblich durch Shin, Mem, Aleph).

Vierter Abschnitt

I

Sieben doppelte: Beth, Gimmel, Daleth, Kaph, Peh, Resh, Tav. Ihr Grund ist: Leben, Friede, Weisheit, Reichtum, Gnade, Fruchtbarkeit und Herrschaft.

II

Sieben doppelte: Beth, Gimmel, Daleth, Kaph, Peh, Resh, Tav, sie erscheinen in zwei Arten, nach Gestalt des Harten oder Weichen.

III

Sieben doppelte: Beth, Gimmel, Daleth, Kaph, Peh, Resh, Tav, je nach Aussprache und Vertauschung. Der Gegensatz des Lebens ist der Tod, der Gegensatz des Friedens ist der Krieg, der Gegensatz der Weisheit ist die Torheit, der Gegensatz des Reichtums ist die Armut, der Gegensatz der Gnade ist die Sünde, der Gegensatz der Fruchtbarkeit ist die Unfruchtbarkeit, der Gegensatz der Herrschaft ist die Sklaverei.

IV

Sieben doppelte: Beth, Gimmel, Daleth, Kaph, Peh, Resh, Tav, entsprechend den sieben heiligen Richtungen des Raumes: Oben, Unten, Osten, Westen, Norden und Süden und der Palast des Heiligtums in der Mitte, er trägt sie alle.

V

Sieben doppelte: Beth, Gimmel, Daleth, Kaph, Peh, Resh, Tav, sieben und nicht sechs, sieben und nicht acht, prüfe und forsche durch sie und setze den Schöpfer auf seine Stätte.

VI

Sieben doppelte: Beth, Gimmel, Daleth, Kaph, Peh, Resh, Tav, er zeichnete, hieb, läuterte, wog und vertauschte sie. Er schuf durch sie sieben Sterne in der Welt, sieben Tage in der Woche und sieben Pforten im Körper. Deshalb liebt er die Siebenzahl unter dem ganzen Himmel.

VII

Diese sind die sieben Sterne in der Welt: Merkur, Mond, Venus, Jupiter, Mars, Sonne und Saturn. Diese sind die sieben Tage in der Woche: Mittwoch, Montag, Freitag, Donnerstag, Dienstag, Sonntag und der Samstag und die sieben Pforten (Chakren) im Körper: Über dem Haupt, zwischen den Augen, die Kehle, der Solarplexus, das Sexualzentrum, das Herz und die Steißbeinregion.

VIII

Er ließ herrschen den Buchstaben Beth im Leben, band ihm eine Krone um und verschmolz sie miteinander. Er schuf durch ihn den Merkur in der Welt, den Mittwoch in der Woche und die Pforte über dem Haupt (männlich und weiblich).

IX

Er ließ herrschen den Buchstaben Gimmel im Frieden, band ihm eine Krone um und verschmolz sie miteinander. Er schuf durch ihn den Mond in der Welt, den Montag in der Woche und die Pforte zwischen den Augen (männlich und weiblich).

X

Er ließ herrschen den Buchstaben Daleth in der Weisheit, band ihm eine Krone um und verschmolz sie miteinander. Er schuf durch ihn die Venus in der Welt, den Freitag in der Woche und die Pforte der Kehle (männlich und weiblich).

XI

Er ließ herrschen den Buchstaben Kaph im Reichtum, band ihm eine Krone um und verschmolz sie miteinander. Er schuf durch ihn den Jupiter in der Welt, den Donnerstag in der Woche und die Pforte des Solarplexus (männlich und weiblich).

XII

Er ließ herrschen den Buchstaben Peh in der Gnade, band ihm eine Krone um und verschmolz sie miteinander. Er schuf durch ihn den Mars in der Welt, den Dienstag in der Woche und die Pforte des Sexualzentrums (männlich und weiblich).

XIII

Er ließ herrschen den Buchstaben Resh in der Fruchtbarkeit, band ihm eine Krone um und verschmolz sie miteinander. Er schuf durch ihn die Sonne in der Welt, den Sonntag in der Woche und die Pforte des Herzens (männlich und weiblich).

XIV

Er ließ herrschen den Buchstaben Tav in der Herrschaft, band ihm eine Krone um und verschmolz sie miteinander. Er schuf durch ihn den Saturn in der Welt, den Samstag in der Woche und die Pforte des Steißbeins (männlich und weiblich).

XV

Sieben doppelte: Beth, Gimmel, Daleth, Kaph, Peh, Resh, Tav. Durch sie wurden gezeichnet: Sieben Sterne in der Welt, sieben Tage in der Woche und sieben Pforten im Körper. Deswegen liebt er die Siebenzahl unter dem ganzen Himmel.

XVI

Wie verschmolz er sie miteinander? Zwei Steine bauen zwei Häuser, drei Steine bauen vier Häuser, vier Steine bauen vierundzwanzig Häuser, fünf Steine bauen hundertzwanzig Häuser, sechs Steine bauen siebenhundertzwanzig Häuser, sieben Steine bauen fünftausendvierzig Häuser. Gehe weiter und berechne, was der Mund nicht mehr sprechen und das Ohr nicht mehr hören kann.

Fünfter Abschnitt

I

Zwölf einfache: Heh, Vav, Zain, Cheth, Teth, Jod, Lamed, Nun, Samekh, Ayin, Zaddi, Qoph. Ihr Grund ist: Sehen, Gehör, Geruch, Sprache, Geschmack, Tastsinn, Aktion, Bewegung, Zorn, Lachen, Meditation, Schlaf.

II

Zwölf einfache: Heh, Vav, Zain, Cheth, Teth, Jod, Lamed, Nun, Samekh, Ayin, Zaddi, Qoph. Zwölf und nicht elf, Zwölf und nicht dreizehn. Ihr Grund ist entsprechend den zwölf Winkeln, nordöstlicher Winkel, südöstlicher Winkel, obenöstlicher Winkel, untenöstlicher Winkel, obennördlicher Winkel, untennördlicher Winkel, nordwestlicher Winkel, südwestlicher Winkel, obenwestlicher Winkel, untenwestlicher Winkel, obensüdlicher Winkel, untensüdlicher Winkel. Sie dehnen sich aus und erweitern sich bis in das Unendliche, denn diese sind die Arme der Welt.

III

Zwölf einfache: Heh, Vav, Zain, Cheth, Teth, Jod, Lamed, Nun, Samekh, Ayin, Zaddi, Qoph. Er zeichnete, hieb, schmolz, vertauschte und wog sie und schuf aus ihnen zwölf Sternbilder in der Welt, zwölf Monate im Jahr und zwölf Teile des Körpers (männlich und weiblich).

IV

Zwölf Sternbilder in der Welt: Widder, Stier, Zwillinge, Krebs, Löwe, Jungfrau, Waage, Skorpion, Schütze, Steinbock, Wassermann, Fische.

V

Zwölf Monate im Jahr: März (Nisan), April (Ijar), Mai (Sivan), Juni (Tammuz), Juli (Abh), August (Elul), September (Tisri), Oktober (Marhesvan), November (Kislev), Dezember (Tebeth), Januar (Schebath) und Februar (Adar).

VI

Zwölf Teile des Körpers (männlich und weiblich): Der Kopf, der Hals und die Kehle, die Lunge, die Nerven, Arme und Hände, die Brust, der Brustkorb und der Magen, das Herz und die Wirbelsäule, die Eingeweide, die Nieren, die Fortpflanzungs- und Ausscheidungsorgane, die Schenkel, die Knie, die Knöchel und die Füße.

VII

Er ließ herrschen den Buchstaben Heh im Sehen, band ihm eine Krone um und verschmolz sie miteinander. Er schuf durch ihn den Widder in der Welt, den März im Jahr und den Kopf des Menschen (männlich und weiblich).

VIII

Er ließ herrschen den Buchstaben Vav im Gehör, band ihm eine Krone um und verschmolz sie miteinander. Er schuf durch ihn den Stier in der Welt, den April im Jahr und den Hals und die Kehle des Menschen (männlich und weiblich).

IX

Er ließ herrschen den Buchstaben Zain im Geruch, band ihm eine Krone um und verschmolz sie miteinander. Er schuf durch ihn die Zwillinge in der Welt, den Mai im Jahr und die Lunge, die Nerven, die Arme und Hände des Menschen. (männlich und weiblich).

X

Er ließ herrschen den Buchstaben Cheth in der Sprache, band ihm eine Krone um und verschmolz sie miteinander. Er schuf durch ihn den Krebs in der Welt, den Juni im Jahr und die Brust, der Brustkorb und den Magen des Menschen (männlich und weiblich).

XI

Er ließ herrschen den Buchstaben Teth im Geschmack, band ihm eine Krone um und verschmolz sie miteinander. Er schuf durch ihn den Löwen in der Welt, den Juli im Jahr und das Herz und die Wirbelsäule des Menschen (männlich und weiblich).

XII

Er ließ herrschen den Buchstaben Jod im Tastsinn, band ihm eine Krone um und verschmolz sie miteinander. Er schuf durch ihn die Jungfrau in der Welt, den August im Jahr und die Eingeweide des Menschen (männlich und weiblich).

XIII

Er ließ herrschen den Buchstaben Lamed in der Aktion, band ihm eine Krone um und verschmolz sie miteinander. Er schuf durch ihn die Waage in der Welt, den September im Jahr und die Nieren des Menschen (männlich und weiblich).

XIV

Er ließ herrschen den Buchstaben Nun in der Bewegung, band ihm eine Krone um und verschmolz sie miteinander. Er schuf durch ihn den Skorpion in der Welt, den Oktober im Jahr und die Fortpflanzungs- und Ausscheidungsorgane des Menschen (männlich und weiblich).

XV

Er ließ herrschen den Buchstaben Samekh im Zorn, band ihm eine Krone um und verschmolz sie miteinander. Er schuf durch ihn den Schützen in der Welt, den November im Jahr und die Schenkel des Menschen (männlich und weiblich).

XVI

Er ließ herrschen den Buchstaben Ayin im Lachen, band ihm eine Krone um und verschmolz sie miteinander. Er schuf durch ihn den Steinbock in der Welt, den Dezember im Jahr und die Knie des Menschen (männlich und weiblich).

XVII

Er ließ herrschen den Buchstaben Zaddi in der Meditation, band ihm eine Krone um und verschmolz sie miteinander. Er schuf durch ihn den Wassermann in der Welt, den Januar im Jahr und die Knöchel des Menschen (männlich und weiblich).

XVIII

Er ließ herrschen den Buchstaben Qoph im Schlaf, band ihm eine Krone um und verschmolz sie miteinander. Er schuf durch ihn die Fische in der Welt, den Februar im Jahr und die Füße des Menschen (männlich und weiblich).

XIX

Drei Mütter gibt es, welche drei Vater sind. Aus ihnen kommen hervor: Feuer, Luft und Wasser. Drei Mütter, sieben doppelte und Zwölf einfache.

XX

Diese sind die zweiundzwanzig Buchstaben, mit denen der Heilige, gesegnet sei er, Jah JHVH Zabaoth, der lebendige Gott, der Gott Israels, der (alles) gegründet hat. Hoch und erhaben ist er, der da ewig wohnt, erhaben und heilig ist sein Name, erhaben und heilig ist er.

Sechster Abschnitt

I

Ein Beweis dafür und wahre Zeugen sind: Welt, Jahr und Körper. Zwölf sind unten, sieben auf diesen und drei auf diesen sieben. Auf den dreien gründete er seine Wohnung und alles geht von Eins aus. Dies ist ein Zeichen dafür, dass er einer ist und nicht einen zweiten (neben sich) hat. Er ist der einzige König in der Welt, er ist einzig und sein Name ist einzig.

II

Die Zahl in der Welt ist die Zehn (und Zwölf), ein Beweis dafür und wahre Zeugen sind: Welt, Jahr und Körper.
Die Welt besteht aus Feuer, Luft und Wasser, sieben Sternen und zwölf Sternbildern.
Das Jahr besteht aus Kälte, Wärme und Gemäßigtem, sieben Tagen und zwölf Monaten.
Der Körper besteht aus Kopf, Bauch und Brust, sieben Pforten und den zwölf Teilen des Menschen.

III

Diese sind die drei Mütter: Aleph, Mem und Shin, von diesen gingen Väter aus, und von den Vätern Geschlechter. Drei Väter und ihre Geschlechter, sieben Sterne und ihre Heere und zwölf Grenzen. Ein Beweis dafür und treue Zeugen sind: die Welt, das Jahr und der Körper.

IV

Eine Satzung ist die Zwölfzahl, die Siebenzahl und die Dreizahl. Ihre Beamten sind der Sphärenkreis, der Drache und das Herz.

V

Drei Mütter Aleph, Mem und Shin, Luft, Wasser und Feuer. Feuer oben,

Wasser unten und die Luft ist eine schwankende Satzung zwischen beiden. Das Zeichen ist: das Wasser trägt das Feuer; Mem schweigt, Shin zischt und Aleph ist eine schwankende Satzung zwischen beiden.

VI

Der Drache in der Welt ist wie ein König auf seinem Thron. Der Sternbilderkreis im Jahr ist wie ein König im Reiche. Das Herz ist wie ein König im Krieg.

VII

Auch hat Gott das Eine gegen das Andere gemacht, das Gute gegen das Böse und das Böse gegen das Gute, Gutes aus Gutem und Böses aus Bösem. Das Gute unterscheidet das Böse und das Böse unterscheidet das Gute. Gutes ist aufbewahrt für die Guten, und Böses (ist aufbewahrt) für die Bösen.

VIII

Drei, ein jeder steht allein für sich; der Eine beglückt, der Eine beschuldigt und der Eine ist schwebend zwischen beiden.

IX

Sieben sind geteilt, drei gegenüber drei, und einer ist schwebend dazwischen. Zwölf stehen im Kampf, drei Freunde und drei Feinde, drei Belebende und drei Tötende.

X

Drei Freunde, drei Feinde, drei Tötende und Gott, ein wahrhaftiger Gott herrscht über sie alle aus seiner heiligen Stätte in alle Ewigkeit.

XI

Einer über drei, drei über sieben, sieben über zwölf und sie alle sind Einer an den Zweiten geklammert. Ein Zeichen dafür ist: zweiundzwanzig

Gegenstände und ein Körper.

XII

Diese sind die zweiundzwanzig Buchstaben, mit welchen Gott gezeichnet hat, er machte aus ihnen drei Zahlen und schuf aus ihnen seine ganze Welt. Er bildete durch sie die ganze Schöpfung und alles, was geschaffen werden soll.

XIII

Und als gekommen war Abraham, unser Vater, Friede sei mit ihm, da schaute er, betrachtete, forschte und verstand dies, er hieb und zeichnete, bis er es erlangt hatte, dann offenbarte sich ihm der Herr des Alls, gesegnet sei sein Name, es setzte ihn auf seinen Schoss und küsste ihn auf das Haupt und nannte ihn Abraham, seinen Freund. Er schloss ein Bündnis mit ihm und seinen Kindern, (denn so heißt es:) er glaubte an JHVH, dies wurde ihm zur Gerechtigkeit angerechnet. Er setzte das Bündniszeichen zwischen die zehn Finger seiner Hände, dies ist die Zunge, und zwischen die zehn Zehen seiner Füße, dies ist die Beschneidung.

Er band ihm die zweiundzwanzig Buchstaben der Torah an die Zunge und der Heilige, gesegnet sei er, offenbarte ihm ihre Geheimnisse: Und er machte sie zur Zugkraft des Wassers, zum Brennen des Feuers und zum Rauschen des Windes, er machte sie zur Leuchtkraft der sieben Sterne und zur Führungskraft der zwölf Sternbilder.

Ende des Buches Jezirah

*

Erläuterungen zum Sefer Jezirah:

„Buch der Formung" oder „Weltbildung", das in seiner jetzt vorliegenden ersten Fassung etwa aus dem 9. Jh. n. Chr. stammen mag. Es ist die Arbeit eines Eingeweihten, der die Wahrheit von der Arithmetik, Sprachlehre, Physik, Anatomie und astrol. Astronomie usw. verstand, zu einem Ganzen verwob. Aus den Zahlen 1-10 und den 22 Buchstaben des hebr. Alphabets macht er 32 Formen der Weltbildung, die aber sofort ungleichwertig auseinanderfallen, indem er die 10 Zahlen als eine Art von Kategorien des Seins, die Buchstaben als Grundelemente nicht nur der Worte, sondern auch der Dinge darstellte. Er sah folgende kosmische Schöpfung: Die Einheit setzt sich zunächst als Einzahl (1); diese ist der „Hauch (Geist) des lebendigen Gottes". Die Einzahl setzt aus sich heraus die 2; diese entspricht dem „Hauch vom Hauche", dem vom göttlichen Geist geschaffenen menschlichen Hauche, der Stimme, in der die 22 Buchstaben als Wort und Seins-Elemente ihren Ursprung haben; kosmisch ist der geschaffene Hauch die Luft. Wie die 2 zur 3, so entwickelt sich die Luft zum Urwasser, aus dem sich das eigentliche Wasser und die Erde scheiden. Aus der 3 geht die 4, aus dem Urwasser das Feuer hervor, das zusammen mit Luft und Wasser den Himmel samt seinen Gebilden erzeugt. Zu diesen vier Elementarverhältnissen treten die sechs Dimensionen (östl., nördl., westl. und südl. Richtung; Höhe und Tiefe), so dass die Elementar-Dekade (Ur-Zehn) entsteht, welche die Elemente allen Seins enthält. Indem nun mit diesen zehn ersten Zahlen oder Urprinzipien die 22 Buchstaben als Ding-Elemente in Verbindung treten, entstehen die Einzeldinge, und zwar durch die Methode der „Waage", d. h. durch die Grundformen des Gesetztseins, Entgegengesetztseins und der Vermittlung (Thesis, Antithesis, Synthesis). Die zehn ersten Zahlen (die erste Dekade, die in der unendlichen Zahlenreihe immer wiederkehrt) nennt der Verfasser „Sephiroth", was u. a. auch wirklich „Zahlen" bedeutet. Die „Zahlen" sind also auch Angaben über die Urverhältnisse des Seins. Aber auch die dritte Bedeutung des Wortes „Sephirah" (das ist die Einzahlform), nämlich als Hebräisierung des griech. Sphaira = „Sphäre", spielt mit hinein. Somit ergibt sich ein universelles Baum des Lebens, welcher den gesamten Kosmos sinnbildlich verkörpert.

33. Ein Runen-Gedicht

Zum Abschluss und als sinnigen Ausklang möchte ich noch das sehr passende Gedicht von Peter Windsheimer anführen, welche die Quintessenz des kleinen Arkanums der Runenmagie vollkommen in ihrer gesamten Präsenz erfasste:

IS zeigt das erste Element,
Das auch in dem Kosmos brennt.

AR ist der Lüfte Kern.
Schwermut bleibe fern.

RIT ist der Mittelpunkt,
wo des Äthers Rhythmus funkt.

OS, des Wassers Liebe auch;
Ist aller Leben Hauch.

UR das Allerletzte Reich,
wie es der Erde gleich.

Mache diese auch dein eigen.
In der Mitte wirst du bleiben.

Weitere Bücher aus dem Christof Uiberreiter Verlag:

Das goldene Blatt der Weisheit
Seila Orienta/Franz Bardon

Zum ersten Mal in der okkulten Literatur wird die 4. Tarotkarte des Hermes Trismegistos verständlich beschrieben und offengelegt. Sie beinhaltet unbekannte Konzentrations- und Meditationsübungen. Des Weiteren gibt sie Hinweise und erklärt die Unterschiede zwischen Magie und Mystik und Gefahren des einseitigen Weges. Am Ende steht die Verbindung mit der universellen Gottheit, dem Herrn der Sonnensphäre, welcher quabbalistisch „Metatron" genannt wird.

*

5. Tarotkarte – Mysterien des Steins der Weisen
Seila Orienta/Franz Bardon

Dieses Buch stellt die Vorderseite der Alchemie dar, die die einzelnen praktischen Übungsschritte erklärt, ohne die verschlüsselten Mystifikationen der alten Alchemisten auch nur annähernd zu erwähnen, wie man es aus den anderen Büchern des Franz Bardon kennt. Es wird erklärt, dass ohne vollkommene Beherrschung der 4 Elemente keine Alchemie möglich ist. Des Weiteren wird mit den einzelnen Ebenen, mit den Matrizen, dem elektromagnetischen Fluid usw. gearbeitet. Doch den Hauptpunkt stellen die göttlichen Eigenschaften wie z. B. die Allmacht dar, mit denen der Göttliche Stein der Weisen durch gewisse Übungen geladen wird.

*

Talismanologie und Mantramkunde
Seila Orienta/Franz Bardon

Zum ersten Mal werden hier (magisch) geladene Mantrams – Gebetssätze – preisgegeben, welche bei nötiger Reife, Ausgeglichenheit und Reinheit durchdringende Erfolge versprechen. Mantrams sind ja nach Bardon nicht irgendwelche „Suggestionssätze", sondern sie sind Ideenausdrücke, mit denen man mit Mächten, Kräften, Eigenschaften, also Gottheiten, in Verbindung kommen kann. Gleichzeitig werden die dazugehörigen Siegelzeichen der göttlichen Ideen preisgegeben, welche im rituellen

Zusammenhang mit den Mantrams stehen. Ein Buch, das nicht nur die Hermetiker, sondern auch die Anhänger der Yogawissenschaften inspirieren wird!

*

Eine Sammlung der schönsten und lehrreichsten Beschwörungsgeschichten
Hohenstätten

Dieses Buch ist einzigartig, denn es zeigt den zweiten Band von Franz Bardon an Hand von interessanten Evokationsberichten, die genau das bestätigen, was Bardon in seinem Buch geschrieben hat, und noch darüber hinaus. Es werden sensationelle Erlebnisse geschildert, die man sonst niemals findet. Auch aus unveröffentlichten Schriften wird zitiert.

*

Verkörperungen des Meister Arion
Hohenstätten

Man wird beim Lesen dieses Buches nicht glauben, wie viele bekannte und unbekannte Inkarnationen Franz Bardon hatte. Die paar, die im „Frabato" bekannt gegeben wurden, stellen nur einen geringen Teil seiner Verkörperungen dar. Wir mussten, da es dermaßen wenig Literatur über die Verkörperungen gab, wieder Hunderte und Aberhunderte von Büchern, Aufsätzen, Zeitschriften und Artikeln durcharbeiten, bis wir genügend Material für dieses Buch hatten. Aber der Leser wird sich beim Lesen sicherlich über unsere Arbeit freuen, denn sie wird ihn in Erstaunen versetzen!

*

Shamballa, der goldene Tempel des Lichts
Hohenstätten

Dieser Tempel dürfte jeden Leser von Bardons Roman „Frabato" fasziniert haben. Dass es aber in der okkulten Literatur noch viel mehr Informationen darüber gibt, die man aber nur findet, wenn man alles Veröffentlichte gelesen hat, dürfte dem einen oder anderen unbekannt sein. Es wurden wieder ganze Stöße von Büchern durchgesehen und das Ergebnis wird hier veröffentlicht. Es wird aber gleichzeitig darauf hingewiesen, wie viel Schundliteratur es darüber gibt, wie viel Lügen im Umlauf sind, damit sich der Schüler der Hermetik ein klares Bild machen kann. Wir bringen in diesem Buch alles, was wir an Material darüber gefunden haben, und es wird auch noch einiges aus der eigenen Erfahrung, was das Wertvollste ist, mitgeteilt. Nicht nur über den Tempel wird berichtet, sondern auch über die damit verbundene „Bruderschaft des Lichts", deren Sitz er darstellt.

*

Auf der Suche nach Meister Arion
Hohenstätten

Diese Autobiographie eines Schülers der Hermetik des Franz Bardon schildert sein magisches Leben, in welchem zahlreiche Erfahrungen zu den Übungen aus dem Adepten geschildert werden, die die Hauptperson selbst erlebt hat. Es wird der schwere Weg des Adepten aus autobiographischer Sicht gezeigt, seine vielen Tiefschläge, aber auch seine glanzvollen Seiten und Zeiten. Der harte Kampf mit dem Seelenspiegel wird bis in alle Einzelheiten aufgezeigt, genauso wie die vielen anderen Wege, in welche der Autor reinschnupperte, um dadurch reichlich Erfahrung sammeln zu können. Darüber hinaus enthält es unzählige Erfahrungen und Berichte betreffs Mantramistik nach Bardon, die wahre Runenmagie, zahlreiche Evokationen sowie Invokationen mit seinem Lehrer Anion, einen magischen Exorzismus, wie er bisher noch nie öffentlich geschildert wurde. Mentalreisen, Beeinflussungen, Übungen zur Gottverbundenheit, Erscheinungen, Alchemie, Heilungen mit den verschiedensten magischen Methoden z. B. Quabbalah oder durch die Elemente, Schutzgeistevokationen und viele andere magische „Wunder" seines Freundes und Lehrers Anion. Auch einige magische Fotos in Farbe, ein bisher von Bardon unveröffentlichtes Akashafoto von Christus und ein Bild des schwebenden Meister Arion werden in diesem Buch preisgegeben. Der Inhalt ist viel reichlicher, als hier kurz beschrieben werden kann.

*

Magisches Gleichgewicht
Hohenstätten

Dieses Buch zeigt eindeutig, dass in allen anderen Systemen das „Gleichgewicht" genauso gebraucht wird, wie bei Bardons Werken. Er war nicht der Einzige, der das erwähnte, aber er war der erste, der es deutlich erklärte, denn die anderen Systeme sprachen nur durch das Symbol, welches nicht jedem Leser verständlich war. Obendrein bringen wir noch Unveröffentlichtes vom Meister Arion zu dieser Grundlage der magischen

Entwicklung.

*

Das Leben und die Erfahrungen eines wahren Hermetikers
Seila Orienta

Diese Autobiographie eines Magiers ist unübertroffen, denn bis jetzt hat kein einziger okkult Geschulter so offen und ehrlich gesprochen wie Seila Orienta. Er gibt in diesem Werk sein Leben bekannt, sowie seine zahlreichen und äußerst interessanten Erlebnisse und Erfahrungen. Es werden auch zum ersten Mal Fotos von Wesen der Sphären gezeigt, welche Franz Bardon höchstpersönlich in den 1920ern gemacht hat. Des Weiteren schreibt Seila Orienta über die Sphären, über Dämonen, Logenkontakte und vieles, vieles mehr, was einem ehrlich strebenden Hermetiker das Herz übergehen lassen wird.

*

Das Leben des Franz Bardon
Hohenstätten

Dieses Buch beschreibt das Leben des Meisters außerhalb des Frabatos, welches seine Sekretärin – Otti V. – geschrieben hat. Es beinhaltet Erklärungen zu seiner „Biografie", weitere Einzelheiten über den Kampf mit der FOGC, seine Beziehung zu Wilhelm Quintscher und anderen Okkultisten, was alles bisher unbekannt war! Des Weiteren werden viele Erlebnisse seiner Schüler in Prag erzählt, verschiedene magische Leistungen und interessante Geschichten Bardons beschrieben, die bis dato unveröffentlicht sind. Es werden auch seine drei Lehrwerke und deren Wirkung auf die Öffentlichkeit von einem anderen, unbekannten Standpunkt geschildert, welcher durch bisher schwer zugängliche Schriften unterstützt wird. Als Krönung wird seine aus dem Tschechischen übersetzte „Runenschrift" zum ersten Mal veröffentlicht. Auch einige Seiten aus anderen unveröffentlichten Schriften von ihm sowie interessante Fotos des Meister Bardon und seiner Freunde werden hier preisgegeben und vieles, vieles mehr.

*

In Verbindung mit der Gottheit
Hohenstätten

Über das Thema der Gottverbundenheit mit all seinen Formen und

Methoden wurde bis heute noch nie ein Buch verfasst, geschweige denn eine Schrift geschrieben. Man findet in der okkulten wie in der östlichen Literatur nur spärliche Hinweise, die größtenteils verschlüsselt sind oder so geschrieben wurden, dass man sie kaum versteht. Im Gegensatz dazu wird in diesem Buch offen dargelegt, dass das 1. kleine Arkanum der 78 Tarotkarten die Gottverbundenheit in ihrer Reinform darstellt.

*

Hermetische Heilmethoden
Hohenstätten

Dieses Buch stellt in der okkulten Literatur ein absolutes Unikum dar, denn über die Gesamtheit der okkulten Heilmethoden wurde bis jetzt noch NIE etwas Sinnvolles geschrieben. Es werden alle Heilmethoden erwähnt, die der hermetische Schüler mit Hilfe seiner bisher erlangten Konzentrationsfähigkeit ausüben und verwenden kann.

*

Erste hermetische Zeitschrift

„Der hermetische Bund teilt mit" ist eine der wenigen magisch-mystischen Zeitschriften, welche sich soweit als möglich auf die universelle Lehre von Franz Bardon bezieht. Sie versucht sich an die Gesetze des 4-poligen Magneten zu halten und vermittelt Wissen sowie Hinweise für die Praxis, damit der Leser die Möglichkeit hat, sie in seinen hermetischen Weg aufzunehmen und für sich gewinnbringend zu verarbeiten.

Noch viel mehr hermetische Literatur finden Sie auf unserer Website:
http://www.hermetischer-bund.com.

Viel Vergnügen beim Stöbern!

Der Verlag